JN071669

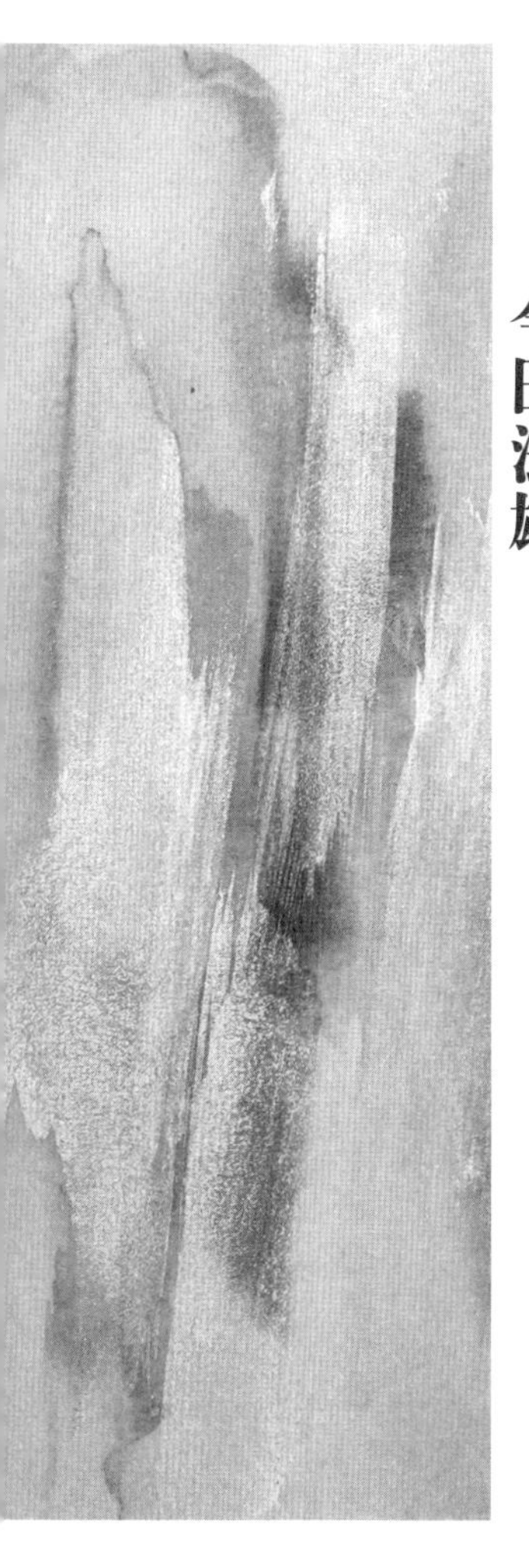

歎異抄文意

今田法雄

方丈堂出版
Octave

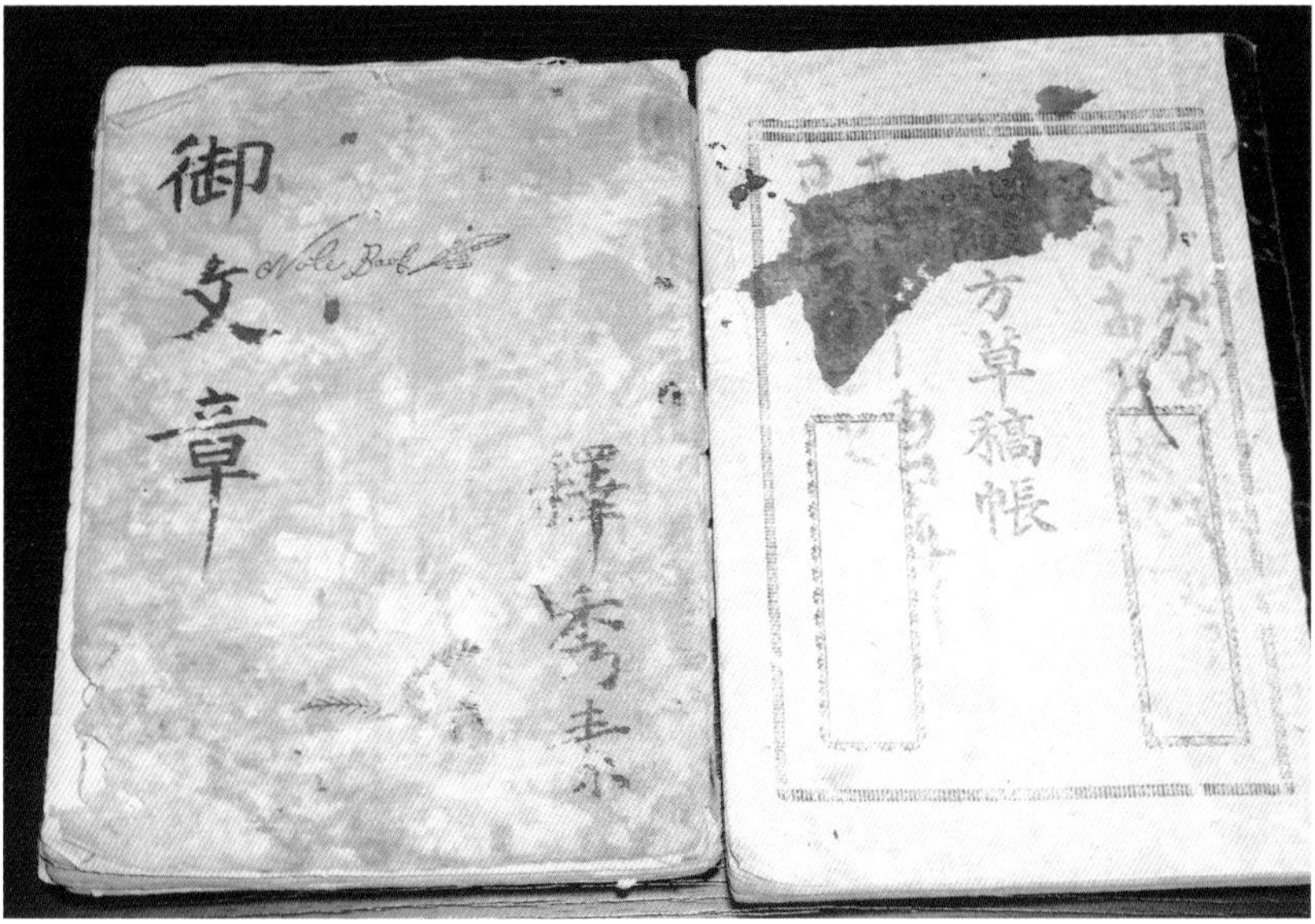

【口絵写真①】［『才市ノート』左Ａ・右Ｂ］左Ａ表題の字は、才市知人の筆。右Ｂは、才市自筆の口あい。（島根県・安楽寺蔵）。【口絵写真】解説参照。

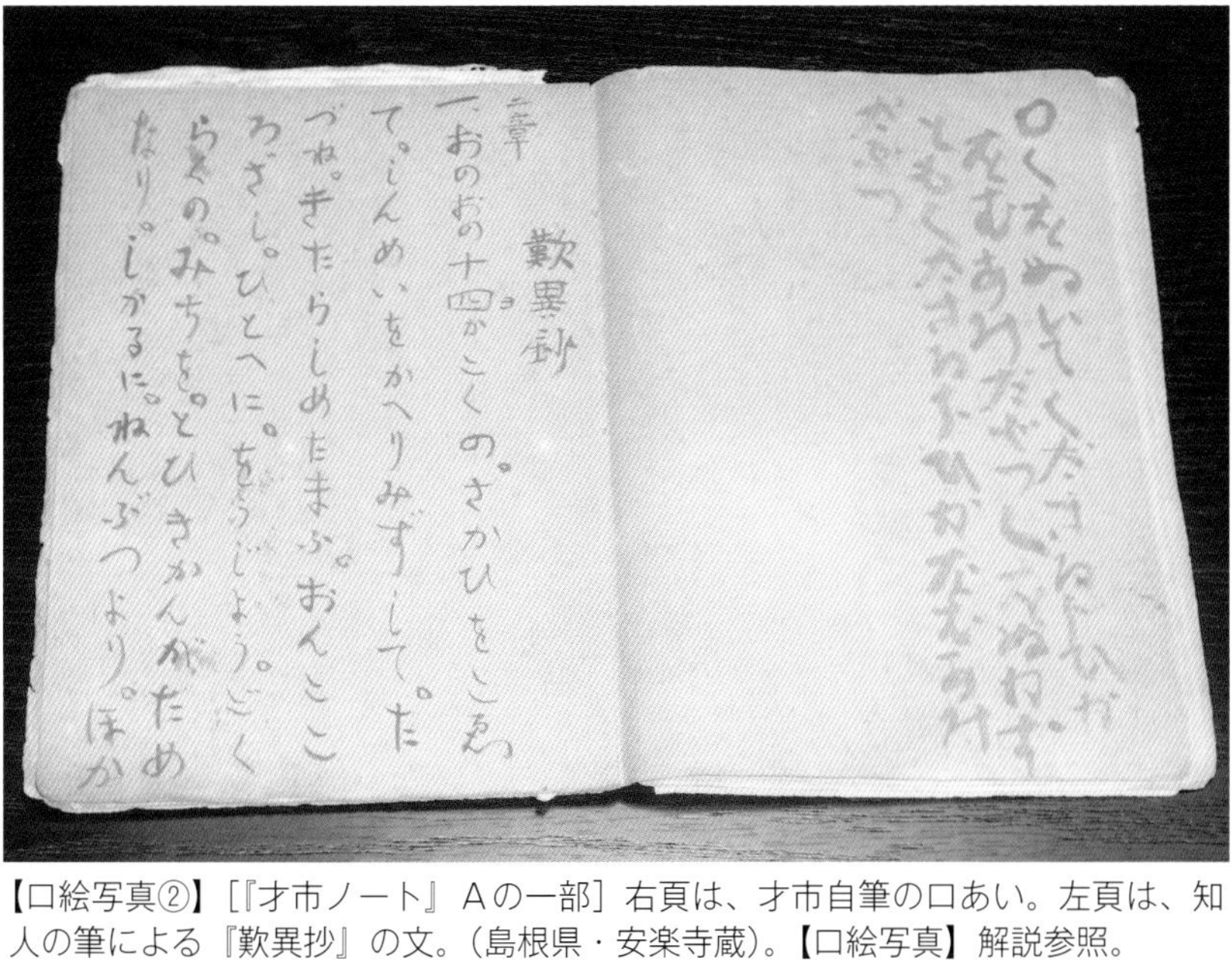

【口絵写真②】［『才市ノート』Ａの一部］右頁は、才市自筆の口あい。左頁は、知人の筆による『歎異抄』の文。（島根県・安楽寺蔵）。【口絵写真】解説参照。

歎異抄文意＊目次

凡例

一、前序・中序・後序・各条とも、〈原文〉〈現代語訳・意訳〉〈各文意〉の順で構成している。

二、〈原文〉は、『浄土真宗聖典（註釈版）第二版』（本願寺出版社）を原典（「註釈版」と略記）とし、そのページ数を末尾に記した。ただし、後序は、一つの段落が長いため適宜改行した。

三、〈各文意〉は、原文の主要な語句と文章の意味を説明し、必要に応じて詳しい解説とその味わいを述べた。

四、〈はじめに〉〈現代語訳・意訳〉〈各文意〉における引用文については、原典のページ数の表記を省略した。また、引用文中の傍点は、すべて著者が付したものである。

五、『歎異抄』及び聖教の引用は、『浄土真宗聖典（註釈版）第二版』によった。

六、浄土三部経・七祖聖教については、『教行信証』に引用されているものについては、それを原典として引用した。

歎異抄文意

装丁　小林　元

はじめに

親鸞聖人最晩年の思想

春の風が、雪の残る山里や誰もいない野や川に吹きわたり、冬の終わりを知らせるように、『歎異抄（たんにしょう）』という春風は世界中の多くの人々に光を与えてきた。

春のあたたかい風は、何も要求しない、何の条件もない、一人ばたらきである。仏の心も同じである。ありのままでいい、そのままでいい、凡夫が凡夫のままでお育てをいただいて浄土へ救われてゆく……。親鸞聖人はそう説いた。

凡夫が生きて行くということは、無数のいのちと涙の上に支えられて行くことであって、悪業の積み重ねでもある。仏教徒の理想の姿、つまり善男善女になるために善根功徳を積まねばならないが、それにも限界がある。そうした凡夫の姿を見渡し、あわれんでくださり、自らさとりを開かれた仏が、阿弥陀如来である。その阿弥陀如来の智慧と慈悲は無限であり、はかり知ることが出来ない。ひかりといのちはすべての凡夫・衆生に届いてはたらいてくださる。その仏は「そのままでいい、われにまかせよ、今、ここで救う」と常によび声（南無阿弥陀仏）となり、ここまで来てくださる声の仏である。よび声の中にすべてが込められているから、届けなくてもいい。呼んでくださるから、呼ばなくてもいいのである。仏の方から何もかも回向してくださるから、凡夫の方から色々と回向しなくてもよいのである。これを不回向という。『歎異抄』は、このような親鸞聖人の独自の真宗教義を中心とした書である。

特に重要なことは、『歎異抄』には親鸞聖人最晩年の円熟した絶対他力、全分他力の思想・教義が記されており、その教えを秀れた門弟の唯円房が正確に記憶・記録していた事実であろう。我々は日常の親鸞聖人の人柄と言葉に今、出遇うのである。

『歎異抄』の時流と人々

約七百五十年前に成立したと考えられる『歎異抄』の原本（唯円版）は発見されておらず、最古の写本といわれているのが、本願寺八代蓮如上人の写本であり、約五百年前の物である。蓮如上人は『歎異抄』を全文自筆で写したほどであるから、この書を大切に扱ったようであるが、その内容から「むやみに外見させないよう」に指示している。このことから当時『歎異抄』は本願寺の寺外には普及していなかったと推定出来る。そして、原本が大谷本願寺内に存在したこともわかる。

唯円房自身は『歎異抄』をどこに残そうとしたのか、開版を望んでいたのかは不明であるが、後の世に日本の宗教書の最大のベストセラーとなった事実を彼が知れば、驚くことであろう。唯円房自身は『歎異抄』を「あまり人に見せないでほしい」と記しているが、時代と共に、この名著は人々に知られて行くことになるのである。

ゆっくりと各地へ伝播

従来は、『歎異抄』は江戸時代になっても未知の書で、真宗の宗門内でもごく一部の者しか知らなかった、との説が主流であった。しかし江戸時代前半あたりから存在する『歎異抄』の講義録・註釈書・刊本は少なくはない。誓源寺円智（?～一六七〇）の『歎異抄私記』や『首書歎異鈔』（著者不詳）、そして福乗寺寿国（一六六三～一七四九）の『歎異鈔可笑記』などがあり、その分野の研究は進みつつある。寿国の著には「悪人正機」の語があり、後の『歎異抄』註釈書に影響を与えたといわれる。これらは『歎異抄講義集成』（全五巻、矢田了章・林智康監修）に詳しいので参照されたい。

さてこうした江戸期の多くの学僧により、『歎異抄』の研究は大谷派を中心に進んでいたと想像され、その門下により、『歎異抄』の思想は地方へと少なからず弘まって行ったことであろう。従来の定説のごとく、『歎異抄』は明治期になってやっと清沢満之（一八六三〜一九〇三）や近角常観（一八七〇〜一九四一）などにより世に知られることとなった、とする説は少しゆらぐこととなった。このことから江戸期から明治期にかけて活躍する妙好人の言葉の中に、時おり『歎異抄』の空気を感じるのは、気のせいではないと思われる。そうした人物をここで挙げてみたい。

浅原才市と『歎異抄』

妙好人の中でも特に有名な浅原才市（一八五〇〜一九三二）同行は嘉永三（一八五〇）年の生まれであるが、活躍したのは明治・大正時代である。

下駄職人の才市同行は、五十代あたりから近所の安楽寺、梅田謙敬和上（一八六九〜一九三八）の指導を受けるようになり、その頃から多くの詩（口あい）をかんな屑や木の板に記すようになる。その詩の数は一万首ともいわれる。才市同行は試作の詩をメモ用紙に書き、梅田和上に見せて指導を受けてから詩を完成させていた。そして後にノートに残すようになる。ゆえにその内容は尊く、現在でもしばしば真宗の関連書の中に引用されている。才市同行は安楽寺だけでなく、周辺の西楽寺などにも参り、聴聞を重ねた。

才市同行の詩（口あい）ノートは残っていれば約百冊以上もあると考えられているが、

現存するのはおそらく半数以下ともいわれる。島根県温泉津（ゆのつ）の安楽寺には四冊の『才市ノート』が現存しているが、その内の一冊には右ページに才市自筆の詩があり、左ページには別人の筆による『歎異抄』第二条の一文が記されている（本書カラー【口絵写真②】を参照）。その前々ページには大正二年と記されているので、その頃（才市六十四歳）には才市同行は『歎異抄』に出遇っていることになる。

尚、これまでの研究で『才市ノート』と『歎異抄』との詳細な関連を指摘した方は、管見の及ぶ限りいないようである。

才市同行がノートを作るようになったのも大正二年頃からで、詩をノートに残すように指導したのは安楽寺院代（いんだい）の池永義亮師である。池永師は才市のために『御文章』を『才市ノート』内に書写しているので、『才市ノート』にある『歎異抄』第二条の一文は池永師のはからいによるものと考えられる。当時、梅田和上は海外開教使の任務にあったが、大正二年の十一月にその任務が解かれ、安楽寺へ帰住した。そして再び、才市同行は梅田和上の指導を受けるようになる。

才市同行の詩の中には、『歎異抄』の第二条・第四条・第九条・後序の内容を含んだ詩もあり、本書内で論究してみたい。また『才市ノート』が世に知られる詳しい経緯については、【口絵写真】解説（二五一～二五五頁）を参照ください。

西田幾多郎と倉田百三

さて、才市同行より二十年後に生まれたのが、世界的哲学者の西田幾多郎（一八七〇～一九四五）である。

西田幾多郎の代表作『善の研究』は一九一一（明治四十四）年の出版であるが、その五年ほど前の『善の研究』の執筆が始まった頃から、西田氏は『歎異抄』を愛読するようになっていた。この頃『歎異抄』は世に弘まっていたのである。世界的哲学者だけあって西田氏の他力思想への理解は深く、正確に理解している部分が多く驚くばかりである。

西田幾多郎には金沢の第四高等中学校時代からの親友である鈴木大拙（一八七〇～一九六六）がいる。鈴木大拙は世界的な仏教哲学者であり禅の精神を海外に弘めた人物であるが、浄土思想や真宗の教義も深く理解しており、妙好人という存在、特に浅原才市同行の詩「口あい」の内容の深さ、尊さに注目し、世に知らしめたことは功績の一つである。

西田幾多郎より十年ほど後に、現在の広島県庄原市に生まれた倉田百三（一八九一～一九四三）は、第一高等学校在学中から『善の研究』に傾倒し「何だか、むつかしくてよく解らなかったけれど……私は魅せられてしまった」と述べている。「よく解らなかったけれど」という言葉は倉田百三の人柄をよく表している。

西田幾多郎の『善の研究』は、一九一一（明治四十四）年に弘道館という出版社から刊行されるが、当初は広く知られてはいなかった。刊行から十年後の一九二一（大正十）年に、すでに大人気作家であった倉田百三が、『愛と認識との出発』（岩波書店）の中で『善の研究』への熱い思いを記したことがきっかけとなり、『善の研究』は広く世に知られることになったという。

倉田百三は『歎異抄』を戯曲化し、名曲『出家とその弟子』を一九一七（大正六）年に出版し、宗教文学の地位を高めた。『出家とその弟子』のフランス語訳の序文は、ロマン・ロラン（一八六六〜一九四四）というフランスの文学者が書いたほどで、海外にも知られていた。さらに、近代日本の文学・哲学は何らかの形で『歎異抄』の影響を受けているという評論もあり、それは、この時代の多くの哲学者・作家・識者に依る所は大きい。

童謡詩人金子みすゞ

この項の最初に、「春の風……誰もいない野や川……」と表現したが、その野や川にも、「見えないけれど、たくさんのいのちが、あるんだよ」とうたうのが、有名な童謡詩人の金子みすゞ（一九〇三〜一九三〇）である。

倉田百三より十年ほど後に、山口県の日本海に面した漁港、仙崎（せんざき）に生まれた金子みすゞのうたは、いのちを平等にとらえ、相手の立場に立つやさしさがある。そして、いのちのかがやきや、逆にいのちのはかなさからも目線をそらさず、言葉にしている。うたの中には、いのちがみんなつながっているとする因縁思想的なものや親鸞他力思想を感じるものもある。その理由は明確で、みすゞの地元、仙崎は真宗寺院が多く、みすゞも子どもの頃から祖母と共に寺の法座によく参っている。みすゞの「報恩講」といううたはその頃の思い出であろう。

金子家は仙崎で書店を営んでおり、金子家の二階では『歎異抄』の勉強会が、明治四十三年から大正三年ぐらいまで、本願寺派西福寺の和（やまと）道實さんを中心に、六人のメンバーで何度も開かれていた。少女であったみすゞは、お茶のお給仕の手伝いをしていたことがわかっている。

会の主催者はみすゞの祖母であり、金子家主催の勉強会という事になる。金子みすゞのうたの数々から、かすかな『歎異抄』や他力思想の空気を感じるのはむしろ自然なことといえよう。

司馬遼太郎と五木寛之

金子みすゞより二十年後に生まれた作家の司馬遼太郎（一九二三〜一九九六）は、大戦中、陸軍の戦車兵として戦地に赴いた。彼は当時の多くの若い兵士と同様に『歎異抄』を戦地に持参した。若い兵士たちは、生きて帰れないかもしれない、人生最後の本になるかもしれない、との思いであったと想像する。戦地では明日、敵に銃口を向けるかもしれず、銃口を向けられるかもしれない、そういう中で、若者は『歎異抄』の文字を追ったことであろう。

戦中、若者の中には、戦地で命を落とし、遠い地の土となった者もあろう。平和な世で縁があれば、学生交流で友人となったかもしれない外国の若者と〝縁次第〟で銃口を向け合う業と縁のむなしさを、司馬遼太郎ほどの人物であれば感じたはずである。ただ彼は戦後、『歎異抄』の内容が「よくわからなかった」と話している。また、声に出してみると「理解し易くなった」とも述べているが、専門用語・仏教語には解説書が必要であったと考える。彼はもし、無人島に一冊持って行くとすれば、『歎異抄』と言っているので、その内容を時間をかけて、ゆっくり理解したいという気持ちであったことであろう。

有名な小説家にして随筆家の五木寛之氏（一九三二年生まれ）は、蓮如上人や親鸞聖人の小説もあり、『私訳歎異抄』や『歎異抄の謎』の著書もある。五木氏は『歎異抄の謎』において、「くりかえし読むたびに、わからなくなってくる不思議な本」と評している。これは司馬遼太郎と似た言葉である。

五木氏はさらに、同書において「何十年も前から暗記するほど再読した本……にもかかわらず、これまでとまったく、ちがった光景が行間から起ちあがってくる」とも記している。確かに五木氏の言う通り、『歎異抄』は、単なる宗教書として、信仰を勧めて「さあ、皆さん信じましょう！」といった書ではなく、多様な読み方が出来る書である。おそらく唯円房のメッセージの一つは、「さあ、皆さん、人間とは何でしょう！」と問いかけているように感じるところにある。その多様な読み方や謎の部分が魅力となり、世界中の哲学者や思想家などに支持されているのであろう。

さらに言えば『歎異抄』の関連書を著す者も読む者も、共に同じ迷路を通りながら、真実へ近づいて行くような感がある。数えきれない『歎異抄』の関連書の数は、そうした迷路の数といえるだろう。今回の私の作業も、そうした迷路を一つ増す作業であると考えている。

法然聖人と親鸞聖人

唯円房の師は、親鸞聖人である。親鸞聖人の師は法然聖人であり、その法然聖人を「よき人」と親鸞聖人は呼んでいる。二十九歳で比叡山を下りた親鸞聖人は、縁あって京都東山の法然聖人の門をたたく。

若き親鸞聖人は問う。「山の中で二十年間も、生死出ずべき道のため、知恵をみがこう、煩悩を消そうと身口意の三業で仏を念じたり努力をしました。しかし、仏の姿にも仏の声にも遇えず、煩悩も心に燃えたままです」と。そこで、法然聖人は教示するのである。「私も比叡山にいました。命がけで仏に遇いたいと念じたのですね。しかし、方向が逆なのです。仏の方が、命がけで凡夫を救おう、凡夫に遇いたいと、常にはたらきかけています。凡夫は気が付きませんが、仏は月の光のように、あらゆる方向に智慧の光を届けています」と。

若き親鸞聖人は、再び師に問う。「仏はなぜそこまでして凡夫を心配しあわれむのですか」と。「聖意（仏意）はかりがたし」と答えた法然聖人は、さらに教示する。「煩悩がどれほど多くても壁とはなりません。壁がどんなに厚くとも、阿弥陀如来の智慧の光明は、なんなく通りぬけ凡夫に届きます。燃え盛る煩悩を見抜いた上の阿弥陀如来のさとりだからです。むしろ阿弥陀如来の智慧の光明が届いていることに気付けない原因は、ただ一つ！、自らみがいたと思っている〝凡夫の知恵〟そのものです」「自ら誇っている、その知恵を捨てなさい。智者のふるまいをせず、愚者になりなさい」。

法然聖人が親鸞聖人に教示した言葉は、おそらくこのような内容であったと思われる。「ただ念仏すべし」と説きつづけ、どんな高度な質問にも答える法然聖人の存在は、若き親鸞聖人にとって、その姿が勢至菩薩に見えたことであろう。「この人はただ人ではない」、親鸞聖人はそう感じ、「雑行を捨てて本願に帰す……」と表現している。親鸞聖人の回心（えしん）である。

凡夫の知恵と仏の智慧

さてこのような場面で私たち現代人も、感動した、感銘を受けた、などと言葉にする。感動することは悪いことではない。以前、ある国の首相が「感動した！」と連発したことがあり、その言葉がブームともなった。その同時期にある高名な学僧が、「感動の恐ろしさも知るべき」とのコメントをある宗教新聞に載せたことがあった。これはつまり、凡夫の知恵のみで宗教的感動をしてしまう恐（こわ）さを言っている。

超一流の頭脳を持った若者は超一流の知恵をみがいていると思っている。凡夫の知恵で判断する危うさを知らず、カルト教祖の教説が自論とピタリとはまり、感動してしまう。人間の心はロックオンされロボット的になる。カルト集団は必ずマインドコントロールを使う。人間は自ら感情をコントロールしているが、カルト集団は外から人間の感情をコントロールし、その状態の信者の心はさめにくい。我々は、そういう実例を多く見て来た。人間は凡夫である。八万四千の煩悩を持っている。つまり、必ずしも良いものだけに感動するとは限らないのである。知恵の限界を知るべきであろう。

ここで法然聖人の言葉を思い出したい。それは「智者のふるまいをせず、愚者になれ」という言葉である。凡夫自らの知恵の限界を知り「その知恵を捨てよ！」ということであり、そうしないと仏の智慧の尊さに気付くことはないという教示である。「愚者になれ」という言葉は愚か者のフリをせよ、との意でなく、知恵があるごとくふるまうな、とのことである。

ただしこれは宗教上の話であり信仰上の話であって、宗教的感動の中には危うさがあるとの話である。いわゆる世間の人間の生活の知恵などを捨てよ、と言っているわけではないので注意したい。これは知識の放棄ではなく、凡夫の浅い知恵の限界を顕らかに気付かせてくださるのが、阿弥陀如来の智慧の光であり、はたらきである。

人間（凡夫）の知恵や知識は時として競争や紛争の因となることもある。つまり人間苦につながる知恵でもあるが、仏の智慧は一切平等に迷いを照らし、気付かせ、導くはたらきであるから、凡夫の知恵と仏の智慧は同じではない。

実は凡夫の知恵を捨てはてた時、仏の智慧に出遇う、という親鸞他力思想を巧みに表現した有名な詩があるので紹介する。

三十一まで　なにが
　えろうなった

こざるのやうな
　ちゑばかり
こざるのやうな
　はからひやめて
南無阿弥陀仏を
　いふばかり（『才市同行』高木雪雄著より）

右の詩は才市同行が三十一歳の時、九州の地で仏縁があったという博多の萬行寺の七里（しちり）恒順（ごうじゅん）（一八三五〜一九〇〇）和上の作と伝わる。これは後に多く作られる才市同行の法悦の詩の起点ともいえよう。

さて、それらとすこし関連するが、真宗門徒には迷信・俗信に流されない人が多い。これも仏の智慧に照らされた姿といえよう。しかし凡夫は凡夫であって、人間側の知恵だけをたよりにし、判断基準にしている人間も多い。たとえば、無宗教と主張する人は、自分の判断しか信じない自分宗といえる。凡夫宗という宗教かもしれない。もともと宗教に国際的定義はなく、鰯（いわし）の頭を信仰する姿も、宗教といえば宗教である。無宗教を主張する人は、「私は判断基準の元となる知恵がある」と主張しているごとくであり、先進的イメージを主張しているかのごとくである。

作家の高史明は、「人間とは、その知恵ゆえに、まことに深い闇を生きている」と述べている。高史明は悲しみの多い人生から『歎異抄』に出遇い、仏の眼差しから、右のような言葉を残している。これも、法然聖人の言葉、「その知恵を捨てよ、愚者になれ……」に通じるものであろう。法然聖人から見れば、無宗教と主張する人なども「智者のふるまいをする人たち」に見えることであろう。

西田幾多郎の「愚禿親鸞」

さて西田幾多郎は『善の研究』を刊行したのと同じ年に「愚禿（ぐとく）親鸞」と題する随想を書いている。この随想は、親鸞聖人六百五十回忌を記念して大谷学士会編で一九〇一（明治四十四）年に出版された『宗祖観』に収載されている。そこには、「ただ翻身一回、此智、此徳を捨てた所に新たな智を得、新たな徳を具なえ、新たな生命に入ることができるのである。これが宗教の真髄である」と記している。

さらに西田は、『善の研究』の中で、「宗教的要求は自己に対する要求である。自己の生命についての要求である」「我々の自己が、その相対的にして有限なることを覚知すると共に、絶対無限の力に合一して、これに由りて永遠の真生命を得んと欲するの要求である」とも述べている。

『歎異抄』を愛読していた西田幾多郎が法然聖人や親鸞聖人の他力思想の深い領域まで理解している事実は驚くべきことである。「人間側の智も徳も捨てよ」という表現は、なかなか出来るものではない。これも世界的哲学者ゆえというべきであろう。これらは、親鸞聖人が二十九歳の時、山を下り、法然聖人から教示された言葉に近いのではなかろうか。命がけで仏に遇いたい、と思い続けた親鸞聖人に対して、「命がけで、おまえに遇いたい、すくいたい」と仏の方から、月の光のごとく、人知れず照らす仏が在します、と法然聖人は説いたことであろう。西田幾多郎の研究者、若松英輔は、西田哲学は「人が満天の星を見て、美しく思い、大宇宙を感じるというが……西田哲学は逆の発想で、大宇宙の方が、人間に何かを感じさせている」と述べているが、これは親鸞他力思想に近いものである。

　人間はみな願いを持って生きているが、その願いよりもはるかに大きな願いをもった存在に気付かされることは、逆にいえば凡夫が凡夫と気付かされることである。ありのままの私の姿を照らしてくださる存在に気付かされることは、生命全体のよろこびともいえる。

　有名な仏教学者の中村元は次のように述べている。「人間の究極のよりどころである真理、実在を『宗』とよび、それは言葉では表現できず、人間の思考を超えたものである。これを言葉表現をかりて説かれたものが『教』である」（『中村元　仏の教え　人生の知恵』河出書房新社）というものである。宗教という言葉の定義はなかなか説明が難しいが、中村元は仏教的な視点で言葉にしている。右の言葉の中に「人間の思考を超えたもの」とあるが、本来、仏教用語である不思議・不可思議も、元々は、人間が思議出来ない、思議不可能の意が主で、人間の感想ではなく、「思考を停止せよ」的な意もある。後に述べるが、親鸞聖人も、この不思議・不可思議の語は大切に教説している。大いなる外からの〝はたらき〟に気付きにくいのが、凡夫の特徴でもある。『歎異抄』は、内なる歎異、つまり、ありのままの凡夫の姿からも視線をそらしていない。

金子みすゞと浅原才市

ここで上述の点に関連して、金子みすゞのうたの一首を記してみたい。

蓮（はす）と鶏（にわとり）

　泥のなかから
　　蓮が咲く。
　それをするのは
　　蓮じゃない。
　卵の中から
　　鶏が出る。

それをするのは
　鶏じゃない。
それに私は
　気がついた。
それも私の
　せいじゃない。

右のうたは色々な味わい方が出来ると思うが、花が咲く、いのちが生まれる、その尊い世界にも外から気付かされている、という思いを表現している。それは自力でなく他の力、外からのはたらきのことであろう。仏教や真宗の知識が無い人にとっては、このうたは理解しづらいかもしれない。

金子みすゞにとっては満天の星が美しいことも、大宇宙を感じることも出来ると共に、大宇宙の方から人間に感じさせているはたらきも十分理解しているだろう。さらに、みすゞワールドは、大宇宙の中にある人間を知り、逆に人間の中にある大宇宙の世界をもイメージしている。あらゆる通念から自由である。みすゞのうたのように、外から、外からという世界は、私が、私がという立場をはなれている。

「世界虚空がみなほとけ」と考えていた妙好人才市同行は、

○わたしゃしあわせ
なむあみだぶが　目に見えの（ぬ）
大きなご恩で　目に見えの（ぬ）
虚空を見るには虚空にだかれて
たいら一面　虚空の中よ　（原文は主に平仮名）

と、表現している。こうした才市同行の他力理解は、西田哲学やみすゞワールドと比べても決して劣るものではない。

さて、以上の幾多郎・みすゞ・才市の理解に関連するが、実は親鸞聖人は最晩年の理解は、ほぼすべて外から、「仏様の方から」という純他力・全分他力の思想である。阿弥陀如来という仏様の立場、目線で考えることを専門用語で「約仏（やくぶつ）」という。これは他力の中の他力で、親鸞聖人は「自然法爾（じねんほうに）」と表現している。

自然法爾そのものの言葉の元は古くから比叡山天台宗にあって、「法爾自然」という言葉である。これは自然界ありのままの姿を示している。法然聖人の名、法然も法爾自然から取られたといわれているので、親鸞聖人にとっては大切な言葉である。親鸞聖人にとっての自然法爾の世界は、他力の中の他力の意で約仏思想であるから、時間も言葉も超えた世界といわれている。これは、『歎異抄』の後々の条の中で色々な形で説明することになる。

『歎異抄』の各条は唯円房のメッセージが一つ一つ込められている。さらに、『歎異抄』という書物は、親鸞聖人の最晩年の約仏思想が色濃く反映されていることに留意しなければならない。『歎異抄』は、そういう意味においても、貴重な書物である。

著者しるす

記念出版

親鸞聖人御誕生八百五十年・親鸞聖人立教開宗八百年
金子みすゞ生誕百二十年

〔追記〕
金子みすゞ自宅での「歎異抄勉強会」については、上山大峻『金子みすゞがうたう心のふるさと』（自照社出版）・中川真昭『金子みすゞ　いのち見つめる旅』（本願寺出版社）、及び金子みすゞ記念館よりご教示いただきました。

前序

原文

ひそかに愚案を回らして、ほぼ古今を勘ふるに、先師（親鸞）の口伝の真信に異なることを歎き、後学相続の疑惑あることを思ふに、幸ひに有縁の知識によらずは、いかでか易行の一門に入ることを得んや。まつたく自見の覚語をもつて、他力の宗旨を乱ることなかれ。よつて、故親鸞聖人の御物語の趣、耳の底に留むるところ、いささかこれを注す。ひとへに同心行者の不審を散ぜんがためなりと云々。（註釈版八三一頁）

現代語・意訳

心しずかに、私の愚かな心で思いめぐらせて、昔と今の事を考えてみますと、親鸞聖人から直接、聞かせていただいた真実信心の教えと、異なる教義が弘まっている事を歎くばかりです。今後、そのみ教えを学び、説き伝えようとする人々にとって疑義・困惑のもとになる事でしょう。私、唯円房は幸いにも縁あって尊い知識〈親鸞聖人〉に出遇う事が出来ましたが、そうでない人々は正しい他力念仏に出遇いにくいでしょう。そうした人々が、時に自分勝手な教義理解をし、他力真宗の宗義〈み教え〉を取り違えてはなりません。だからこそ、今は亡き親鸞聖人のみ教え・思い出など、私の耳の底に残っている事を、ささやかですが、ここに書きとめておきます。これもひとえに同じ他力の信心、他力の念仏の人々の不安、疑問を無くしてほしいからです。云々。

『歎異抄』の歴史的背景

右のように『歎異抄』の前序は、〈現代語・意訳〉を読んでいただければ、著者の唯円房の思いが伝わると思う。この前序は原文は漢文で書いてあり、これは唯円房の学識の高さを表している。文中の異義・曲解者とは主に関東地区の中に存在していたと考えられ、親鸞聖人の在世中から存在していた。異義・曲解の内容は『歎異抄』の中に色々と出てくるので多くを知る事が出来る。

さて『歎異抄』が成立したのが親鸞聖人没後の約十年後と仮定すれば、丁度その頃が、覚信尼（かくしんに）（親鸞聖人の末娘）により、聖人の遺骨を改葬し、廟堂を建て影像（親鸞聖人像）を安置した頃（文永九年・一二七二年）である。その影像は、木像か絵像かは確定していないが、合掌姿であったと考えられており、その大谷廟堂は、後に大谷の本願寺となる。

大谷廟堂の成立は、親鸞聖人が単なる、法然専修念仏教団の一門弟という認識ではなく、法然門下中の特筆すべき、高弟と世に示す目的があったと思える。文永九年の頃は法然聖人の没後、五十五年ほど経ており、浄土宗各派が分裂独立していた頃でもある。もともと浄土宗は、一念義と多念義が対立したり、一枚岩ではないので諸派に分裂する事は不可避であった面もある。こうして結果的に浄土宗は約十五派に分派する。真宗もその一つといえる。十五派の多くは諸大寺からの弾圧を避けるために比叡山天台宗の所属となるなどし、融合・合併も続けて、分派は数派になってゆく。本願寺も八代蓮如上人の頃まで、台密の影響で、寺内に護摩壇があったというのは、このためであろう。

様々な時代の空気があり、『歎異抄』の前序には、法然聖人や、専修念仏などの語は出ない。さらに独立一派として、真宗教団的な表現もなく、「易行(いぎょう)の一門」とか「他力の宗旨」という独特な表現をしているのは、そのためであろう。

唯円房の立場

さて、こうした様々な歴史的背景があり、法然聖人伝の八割は真宗系という論考もある。浄土宗は法然聖人没後、混迷の時代が長かったので、法然聖人伝の実現が難しい面があった。その時期、親鸞聖人は、関東で二十年間も充実した布教活動が可能であり、師・法然聖人の数々の記憶を消息や文章として門弟たちに伝える事が出来た。

京都へ戻った六十代前半の親鸞聖人は、京都においても法然聖人について多くを伝える事が出来た。そこには唯円房もいて、唯円房は親鸞教義も学ぶ事が出来て、法然教義、そして専修念仏教団の貴重な歴史証言も、その多くを記憶・記録する事が可能であった。ゆえに『歎異抄』の中の記述によく似た話が、多くの法然聖人伝や、『口伝鈔(くでんしょう)』、『御伝鈔(ごでんしょう)』などに見られるのは、不自然な事ではない。

一部には、『歎異抄』の中の言葉は、実は法然聖人の言葉が源流で、親鸞聖人オリジナルでないとの論考が出る事もあったが、それは誤解が多いと思う。専修念仏教団の貴重な記憶・記録は実は、唯円房のような浄土宗系の真宗僧が多く持っていた。専修念仏教団の貴重な記録である「流罪記録」が、唯円房の『歎異抄』に大切に追記されている理由は、そこにあるといえよう。

第一条

原文

一　弥陀の誓願不思議にたすけられまゐらせて、往生をばとぐるなりと信じて念仏申さんとおもひたつこころのおこるとき、すなはち摂取不捨の利益にあづけしめたまふなり。弥陀の本願には、老少・善悪のひとをえらばれず、ただ信心を要とすとしるべし。そのゆゑは、罪悪深重・煩悩熾盛の衆生をたすけんがための願にまします。しかれば本願を信ぜんには、他の善も要にあらず、念仏にまさるべき善なきゆゑに。悪をもおそるべからず、弥陀の本願をさまたぐるほどの悪なきゆゑにと云々。（註釈版八三一～八三二頁）

現代語・意訳

阿弥陀如来の「誓願不思議」そのもののはたらきが凡夫衆生の上に届き、その救いの姿である往生浄土をとげるのです。そうした「誓願不思議」のはたらきは、本願名号となり、信心まことに得て念仏申さん憶念の心、仏恩報謝の思いがおこる時には、この世で摂取不捨の利益という救いにあずかっています。

阿弥陀如来の本願（誓願）は、老少・善悪などすべての凡夫を浄土へ往生させるための誓いです。そのために必要なのは、〝ただ信心〟なのです。なぜならば、罪悪深く煩悩燃えさかる凡夫・衆生をたすけるための無上殊勝の願であるのです。仏の手だては名号です。仏の側から本願の名号を信受した衆生は、自力の善行も必要ありません。他力念仏（名号の信受）に勝る善行はないからです。往生浄土のさまたげとしての悪業や、三悪道行きを恐れる心配はいりません。なぜならば、阿弥陀如来の本願の智慧の光をさえぎれるほどの〝悪〟など、どこにも存在しないからです……。

各文意

第一条の場面について

この第一条の言葉は、他力真宗の要(かなめ)を集約した感がある。よく評論されるのが、『歎異抄』全体の七割から八割の思想がこの第一条に込められている……というものである。また人によっては、「第一条があれば二条から十八条は必要ない」、または、「『歎異抄』があれば他の仏教書はいらない」などと論じる識者も昔から存在するが、そうした極論は『歎異抄』の魅力を示す一例といえよう。

確かに『歎異抄』第一条は、導入文や前書がなく、いきなり本題から始まる。それは親鸞聖人の他力真宗教義の要といえるものである。つまり、日頃の法話の席ではなく、特別な時の、特別な人々に対して、すこしかまえて述べている。おそらく聖人は、この教説の前に、「おのおの方、確実に耳に残してください……筆を持つ者は、正しく記してくださ い」と述べているように思える。この第一条の一文は、唯円房一人に対して、親鸞聖人が一対一で説示したものではなかろう。唯円房は聖人の側近中の側近であるから、第一条の文中の一つ一つは、日頃から聞法している内容ばかりである。あらためて、まとめて聞いたとは考えにくい。その内容からすれば、念仏以外の善行について疑問を持ち、数々の悪業による業報（ごうほう）を恐れている人々（同行）に語られたように思える。そして第一条の最大のテーマ・目的は、「往生をとげる道」である。もちろんこれは念仏申す者の最大の目的でもある。この点は、次の条と共に考察したい。

弥陀の誓願不思議

さて第一条は「弥陀の……」から始まるが、主語が阿弥陀如来や法蔵菩薩から始まるのは、親鸞聖人の約仏思想から外れるものではなく、その意義は大きいと考える。

真宗・親鸞思想は、私が救われて行く宗教というよりは、正確には、仏がひたすら救わんとする宗教である。視点・目線は阿弥陀如来の立場であり、そのまま救う、という目線である。そのままと、このままは、つまり立場が逆であって、表現に留意しなければならない。聖人は晩年になるほど純他力の約仏思想が強くなって行くのである。

文中の「誓願不思議」という言葉であるが、実は親鸞聖人には用例が少ない言葉である。それは誓願とは因願であり、法蔵菩薩のちかいを示すことが多い。法蔵菩薩とは阿弥陀如来の成仏前の修行時のお姿である。その因は果となる。それが（本願）名号という「果名」である。ゆえに親鸞聖人の他力真宗の表現をあえてすれば、その教義の好例は、浄土真宗本願寺派の「浄土真宗の教章」に示される通りである。即ち、「阿弥陀如来の本願力によって信心をめぐまれ、念仏を申す人生を歩み、この世の縁が尽きるとき、浄土に生まれて仏となり迷いの世に還って人々を教化する」というものである。右の文中、本願力とは力(はたらき)が付いているので〝名号〟のことである。名号とは〝声〟のみである。

さて用例は少ないとはいえ、誓願不思議の表現は、親鸞聖人のお手紙(御消息)にもある。

『親鸞聖人御消息』(二〇)には、

如来の誓願を信ずる心の定まるときと申すは、摂取不捨の利益にあづかるゆゑに不退の位に定まると御こころえ候ふべし。

(中略)

如来の誓願は不可思議にましますゆゑに、仏と仏との御はからひなり、凡夫のはからひにあらず。補処の弥勒菩薩をはじめとして、仏智の不思議をはからふべき人は候はず。しかれば、「如来の誓願には義なきを義とす」とは、大師聖人(源空)の仰せに候ひき。

右のごとくである。文中にある、如来の誓願の不可思議は、仏と仏のはからいで、凡夫がはからう世界ではないとの教示である。仏と仏というのは、仏仏相念といい、仏様と仏様はすべてを超越しているので、三世、つまり現在、過去、未来の仏様同士が時空を超えて交流が出来ることをいう。仏の世界には、新しい古い、という考えはない。そのように尊い世界ゆえに、仏様は誓願不思議・仏智不思議をはからうことが可能であるとしている。

さらに誓願不思議の世界は、次の生に仏となるような上位の弥勒菩薩でさえ、はからうことが不可能であるとも記している。つまり、ここは大切な部分であるが、第一条の解説文によく見られる、「弥陀の誓願という、とても不思議なはたらきに……」という意約は間違いというほどではないが、より正確な親鸞教義（宗祖義）で表現するべきであろう。正しくは弥陀の「誓願不思議」という五文字のはたらきそのものが凡夫をたすけんとしてくださるのである。同じく「仏智不思議」も「仏智の不思議」も、凡夫が心ではからい思い、「不思議なことだ……」と口にすべきことでは無いということである。この部分は親鸞教義の大切な特徴である。仏のちかいは、五文字のお姿のごとく、凡夫にはたらき、凡夫のまま往生浄土せしむるのである。『歎異抄』は第一条の一行目、そして第一句目から解釈が難しい書物であるといえよう。

念仏申さんとおもひたつ

次に、この言葉も、親鸞聖人があまり使わない表現である。もちろん法然浄土宗にはありえないであろう。しかし私は右の表現が、とても真宗的であり『歎異抄』的な言葉なので、好きな言葉である。時に短い法話などで使うこともある。ただ今回、先師論考を深く読み込むと、色々な角度から味わうことが出来て、第一条の中でも慎重に論じる必要があると気付かされた。

『歎異抄』の解説書の中には、この「念仏申さんとおもひたつこころ」の部分を、特に論考せず次の文に移る書もあり、それは様々な理由があるにせよ、私は留意すべき部分であると思う。

この「念仏申さんとおもひたつこころ」は魅力的な言葉であるが、文中の〝心〟とははたして凡夫の心なのか、届く仏心なのか、真実信心なのか、という点が問題である。文の前に「と信じて……」とある。この〝信〟は、真宗的に他力回向の信と理解すべきで、凡夫のはからいではない。他力の信心である。信心の体は名号である。体とは元々の本体というべきもので、「本願名号のはたらきにより、信心をめぐまれ、凡夫が浄土へ往生させていただく」のが、真宗の教義そのものである。信心が往生浄土の正因であるが、信心とは本願名号の功徳が凡夫にいたり届き、みちみてくださった姿である。そして信心が正因で称名が報恩とされ、ナモアミダブツの称名は、救いの中での報恩の行でもある。こうした順番は、名号↓信心↓往生決定↓仏恩報謝（念仏）が基本といえる。真宗は名号摂化↓名号で救われてゆく宗教である。

親鸞聖人の和讃（浄土和讃）には、

　弥陀の名号となへつつ
　　信心まことにうるひとは
　　憶念の心つねにして
　　仏恩報ずるおもひあり

とある。右の内容は、本願名号のはたらきが、凡夫にいたり届き、信心まことにいただいた者は、必ず仏願を心に思い、仏恩報謝の行（念仏など）が身の上にあらわれるはずだ、との意味である。

ゆえに「と信じて念仏申さんとおもひたつこころ」にある「こころ」とは、憶念の心であり、仏恩報ずるおもいであると考えるのが自然であろう。

ここで紹介すべきは妙好人才市同行の一首の詩（口あい）である。

○わしが念仏となえるじゃない
　念仏の方から
　わしの心にあたる念仏
　なもあみだぶつ

ここで才市同行のいう「心にあたる」とのこころは、「念仏申さんとおもひたつこころ」と同義ではなかろうか。才市同行にとって念仏とは〝お念仏様〟である。凡夫の心まで来てくださるから、仏恩報謝の思いであふれているのである。

念仏は報謝の思いで称えたとしても、凡夫の口から出てくださる声の仏様である。凡夫のはからいではない。才市同行の有名な口あいに、

○かぜを、ひけば、せきが出る
　才市が御法義のかぜをひいた
　念仏のせきが出る出る

とある。この口あいは、念仏したら信心をめぐまれるのではない、との意を尊い言葉にしている。御法義（信心）をめぐまれて、すべてがいたり届いているから、念仏が凡夫の口からこぼれ出てくださるのである。つまり、せきをしたら、かぜをひいたのではない、と才市はユニークな比喩をもって説いている。

こうした念仏理解について、『歎異抄』の中には多くの教示が説かれている。そこには、法然浄土宗の専修念仏の流れを主張しながらも、一歩ふみ出した真宗的な念仏理解も見られるので、各条とも注意が必要である。そもそも、法然・親鸞両聖人の念仏のとらえ方の違い、表現の違いを記すと、

《念仏とは》

〈法然浄土宗〉……衆生が、往生するぞと念仏を届ける。
〈親鸞真宗〉……仏が、往生させるぞと念仏が届く。

右、大略であるが、方向性が同じではない。こうして見ると第一条に限らず『歎異抄』の内容は、法然聖人の専修念仏を尊重しつつも、浄土宗の教義から真宗的な、新しい若葉が出ている感がある。『歎異抄』は、明らかに親鸞教義の書である。浄土宗の各派が『歎異抄』をテキストとして依用しない点はここにある。浄土真宗が、法然聖人の『選択本願念仏集』を聖典として使用するのとは対照的である。

唯円房が『歎異抄』を伝えようとした相手は『歎異抄』後序にあるように「一室の行者」であり、それは、親鸞聖人の教えの流れを受けた他力念仏の行者仲間といえよう。

摂取不捨の利益

第一条の「念仏申さんとおもひたつこころのおこるとき」につづく文は、「摂取不捨の利益にあづけしめたまふなり」である。その「摂取不捨」の語は真宗ではよく耳にする言葉である。その意は文字のごとくといえるが親鸞聖人の『浄土和讃』（弥陀経讃）に、

　　十方微塵世界の
　　　念仏の衆生をみそなはし

摂取してすてざれば
阿弥陀となづけたてまつる

と、讃じておられる。つまり阿弥陀如来は摂取不捨の仏様です、との意である。この和讃の「摂取してすてざれば」の左訓（さくん）として親鸞聖人は、「摂めとる。ひとたびとりて永く捨てぬなり。摂はものの逃ぐるを追はへとるなり、摂はをさめとる、取は迎へとる」と自ら説明している。（原文片仮名）

摂取不捨の語は、親鸞聖人が大切にされた言葉であることがわかる。摂取不捨の語は、もともと広く浄土教にあり、『観無量寿経』の第九観に、「光明は、あまねく十方世界を照らし、念仏の衆生を摂取して捨てたまはず」とあり、念仏を称える人を摂取して見捨てないと説いている。

現生正定聚

親鸞聖人は自筆の手紙『御消息』の中にこう記している、

真実信心の行人は、摂取不捨のゆゑに正定聚の位に住す。このゆゑに臨終まつことなし、来迎たのむことなし。信心の定まるとき往生また定まるなり。

ここで親鸞聖人は、「この世で、凡夫のまま衆生は、正定聚の位となる」としている。

正定聚とは、正しく往生浄土の方々と、早くも凡夫はこの世で同じ仲間にならせていただく、という意味である。なぜ「この世で」なのか。親鸞聖人は、本願名号により、「すべてが届くから、届けなくてもいい。呼んでくださるから、呼ばなくてもいい」という立場である。これを専門語でいえば、「回向してくださるから、回向しなくてもいい」という不回向の立場ゆえに、いただくばかりの宗義である。こうした親鸞聖人の独自の不回向の立場は、大切なことが解決済なので、臨終の行儀や臨終時の阿弥陀如来の来迎も必要ない、と説いているのである。

こうした教義は、明らかに法然浄土宗の教義から一足ふみ出しており、親鸞聖人の教義、つまり真宗教義である。

正定聚は本来、彼土正定聚が基本である。彼土正定聚とは、法然聖人の立場であり、これは、浄土へ往生した衆生はすべて正定聚に住するという意である。このことは『無量寿経』（上巻）にも説かれている。法然聖人自身は、『選択本願念仏集』の中で、『十住毘婆沙論』などを引用して、「浄土往生を願い生じた衆生は、再び退転することのない大乗正定聚に入る」と述べている。つまりこの彼土正定聚こそが、法然聖人の立場であり、一方で親鸞聖人は、現生正定聚を説くのである。ゆえに『歎異抄』は現生正定聚の書である。

浄土真宗の利益

真宗は日頃から〝利益〟という言葉をあまり使わない。これは真宗が誓願仏教であり、他のご利益仏教やご利益宗教と一線を画す目的があることによる。つまり、念仏をたくさん称えれば宝クジがよく当る、といった迷いにつながる教義は説かない。

『歎異抄』第一条の摂取不捨の利益という表現は、あくまで前述したごとく現生の正定聚の位になることである。凡夫の身でありながら、早くもこの世で正定聚の姿にさせていただくのである。

親鸞聖人が選定した七高僧の一人、道綽禅師の『安楽集』（下）の中で、「念仏を称える人に、始益と終益があるとし、始益というのが摂取不捨のことと記す。同じく七高僧の一人、善導大師の『観経疏』（定善義）の中に、「光明摂取の利益を得られるのは、親縁・近縁・増上縁の三縁による」と記す。即ち、

〈親縁〉……仏と衆生の三業が相応する。

〈近縁〉……仏が衆生の前に現われる。

〈増上縁〉……念仏の功徳により臨終に来迎を受ける。

右のごとくである。こうした教義を法然浄土宗は大切にしている。真宗では、現生において受ける利益を〝現益〟といい、当来の浄土において受ける利益を〝当益〟という。こ

れは現在世（此土）において正定聚の位に入る現益と、未来世（彼土）において大般涅槃をさとるという当益をいう。真宗は二益の宗教である。

世間一般にいわれるご利益宗教の場合、ご利益とは、凡夫の煩悩・希望にピタリとあてはまるような実例が多いが、真宗でいう利益は『現世利益和讃』において親鸞聖人が表現するような念仏の人々の徳を守る阿弥陀如来などの諸仏のはたらきをいう。世に大願成就という言葉があるが、凡夫・人間の願いをかなえようという宗教は多い。世界の多くの宗教がそうした性格を有しているだろうし、凡夫にとって、誠に魅力的な宗教の性格であろう。

ここではっきり記しておくべきは、浄土教の一派である浄土真宗は、〝仏の願い〟が、かなう宗教である。仏とは阿弥陀如来（法蔵菩薩）であり、その本願（誓願）が、すでにかなって浄土は建立され、浄土ですべての衆生がさとりを開くことが出来るのである。ご利益宗教は、人間の願いに応える形で、逆に人間の迷いを深める例も多い。そうした迷いの人間界を心配し、迷いの人間を照らすために、阿弥陀の浄土でさとりを開いた人々は、人間界に往還してくださるのである。

老少・善悪のひと

そして続いて第一条には、「老少・善悪のひとをえら（簡）ばれず、ただ信心を要とす」とある。

この表現は大乗仏教の基本精神そのものである、日本は大乗仏教の国である。大乗の精神は、ブータン国に代表されるように、利他菩薩の道である。他人の幸せが自分の幸せであり、自利・利他共に大切にする。約二千年前にインドで発展した大乗仏教の精神は、あらゆる人々が救われてゆくことを目指すものであり、大きな乗物（大乗）にたとえられている。それまでの旧仏教は、部派仏教（小乗仏教）と呼ばれ、出家主義で僧侶中心の教団であった。部派仏教は厳しい修行や戒律を必要とし、目的は個人のさとりであり、いわば個人主義的な面もあったが、釈迦教団、つまり原始仏教の形態をそのまま伝えていた。時代と共に、その形態に反する流れも出て来た。

仏教徒の九十九パーセントは在家仏教徒である。出家教団を支える在家仏教徒は、あらゆる人々を救う大きな船のような乗り物を求めた。僧俗・男女・老少・賢愚・善悪不問の仏教（大乗仏教）である。在家主導ともいえる教団である。大乗菩薩（僧）が自利・利他のために修する六波羅蜜（パーラミーター）は到彼岸の意であるが、六種類の修すべき項目の第一番目が、〝布施（ふせ）〟である。布施の行は、在家独自の行である。僧侶は本来、在家の人々に「お布施」はしない。こうしたことから大乗仏教は、その原点が在家主導であったことがわかるという。

さらに在家仏教教団の中の在家仏教徒は、苦行や修学をしない者が多いのに、どうして救われるのかを考えてみよう。仏教は本来、教行証で語る。末法思想も、仏滅と共に、証↓行↓教が滅してしまうとの思想である。親鸞聖人の『教行信証』も、正式には『顕浄土真実教行証文類』と題す。教行証は、み教え・修行・証り、である。修学、特に仏道修行を毎日したくても、在家の人々は生活するためにその余裕はない。そこで大切な要素として主張されたのが〝信〟である。〝信心〟といってもよい。大乗の説く難行道と易行道も、元々は在家仏教徒に応じた仏道である。二千年前に起こった大乗仏教は、行と共に〝信〟を大切にする教団でもある。

もちろん仏教史にも不明な点は多い。大乗仏教の善悪不問の原点は初期仏教にも見られ、泥から美しい蓮華が咲くように、善悪不二というべき、善悪を超越した思想も存在していたという。大乗仏教は、初期仏教をそのまま深化させた面もあり、仏説を曲げているわけではない。

ただ信心を要とす

信心については前の文にすこしは述べたが、親鸞聖人の教義の要(かなめ)は、やはり信心である。その信心は如来回向の届く、真実信心であり、それに対する曲解・異義が多いので、唯円房は『歎異抄』を著したわけである。

ただし法然聖人は、日頃から対外的布教には「ただ念仏すべし」と常に教示しておられた。遺言書のような『一枚起請文』にも「ただ念仏すべし」と記されている。若き親鸞聖人も、師・法然聖人から「ただ念仏すべし」と教導されていたと考えられるが、いつの頃からか親鸞聖人は、信心が往生の正因である、との教えが主となり、関東時代も、門弟に『唯信鈔』を読むようにすすめている。親鸞聖人は自ら『唯信鈔文意』という解説書を著し、この書を大切にした。その『唯信鈔』は聖覚(せいかく)法印（一一六七～一二三五）の著で、彼は法然聖人を尊敬し、専修念仏の弘通に努めた。『唯信鈔』のタイトルは明らかに、ただ〝信心〟の書と受けとめることが出来る。

聖覚法印は法然門下の中で「信行両座」という論議が起こった際も、親鸞・聖覚・法然の諸僧は信の座につき、行の座にはつかなかった。信は信心重視、行は念仏重視の立場であった。聖覚法印は親鸞聖人にとって、兄弟子ともいえる人物であったが、法然聖人の正式な門弟ではなかった。生涯、天台僧として活躍し、親鸞聖人と同様に妻帯しており、唱導の大家として世に知られていた。

さて法然聖人という人物は、日頃「ただ念仏すべし」と教示していたが、その念仏とは選択本願念仏を専ら修する、専修念仏のことである。仏選の称名念仏のことである。ただし、大きな家の中の大黒柱が見えにくいように、法然聖人の教義の秘めたる大黒柱は、「ただ信心」でもある。そのことは法然聖人が門下の数人限定で写すことを許可した『選択本願念仏集』に示されている。即ち、

まさに知るべし、生死の家には疑をもって所止となし、涅槃の城(みやこ)には信をもって能入となす。

右のごとくである。この法然聖人の教えを、親鸞聖人は『教行信証』の「正信念仏偈」の中にこう記す。（カッコ内意訳）

還来生死輪転家（まよいの家に、かえらんは）
決以疑情為所止（疑う罪の、あればなり）
速入寂静無為楽（さとりの国に、うまるるは）
必以信心為能入（ただ信心に、きわまりぬ）

右のごとくである。法然聖人は、『選択本願念仏集』には〝信心〟によりてさとりの国に能入すると明言している。はたして、念仏重視なのか、信心重視なのか、迷ってしまい

そうだが、法然聖人自身は、「信をはなれた行は無く、行をはなれた信は無い」と日頃から説いている。これは親鸞聖人も同じ考えであり、行と信はセットで論じられることも多い。行信とは名号のことで、私に届く仏のよび声である。

親鸞聖人は『教行信証』の総序に「たまたま行信を獲(え)ば、遠く宿縁を慶(よろこ)べ」と記している。「行も信も、凡夫衆生が、自力で熱心に修して行くのでなく、たまたま届くのですよ、宿縁によって……」と教示している。このことは、凡夫は阿弥陀如来の本願の前に、行だ信だと、必要以上に区別する必要はないと受けとめてよかろう。

前述したが、大乗仏教そのものが在家中心の教義で、行も信も大切に説いて来たわけである。在家一般の凡夫も、志があれば大乗菩薩を名告ってもよいのである。法然聖人は本当は勢至菩薩であったかもしれないとか、親鸞聖人は本当は観世音菩薩であったかもしれないといった表現は、まったく自由で尊い教えが大乗仏教であることを示している。法然聖人の日頃の布教法と教説は非常にゆるやかでおおらかであったために、その門下の中で対立や分裂が発生したが、その大乗菩薩のような人柄が、親鸞聖人をはじめ多くの人々を引きつけたのであろう。第一条にある「ただ信心を要とす」の言葉は、『選択本願念仏集』の言葉であることも確かである。

罪悪深重・煩悩熾盛

右の言葉は、すべての衆生の姿、すべての凡夫の姿であり、ありのままの姿である。人間は他の命に毎日支えられて生きている。悪業をかかえて生きている。凡夫の煩悩は八万四千といわれ、集約すると百八、さらに集約すると三毒の煩悩となる。三毒すなわち、貪(とん)欲(よく)・瞋恚(しんに)・愚癡(ぐち)である。親鸞聖人は欲・いかり・ねたみなどは、生涯消えることはないとした。煩悩熾盛とは、次から次へと煩悩の火が燃え盛る姿であるが、初期仏教々団の釈迦の有名な言葉に「火の説法」がある。即ち、

火が燃えている。すべてのものが燃えている。あの町の火のように、私たちの心のうちにある煩悩の火が燃え盛ってやまない。心の内に燃える貪欲の火を見よ。

貪欲の火に心を焼かれる人びとは、苦しみの日々を送って休むことがない。

心の内に燃える怒り（瞋恚）の火を見よ。

怒りの火に心を焼かれる人びとは、心波立ち安らぐことがない。心の内に燃える愚癡の火を見よ。愚癡の火に心を焼かれる人びとは、不平不満の思いで心が静まることがない。その火を消せ。火を尊んではいけない。火は心に燃え盛る煩悩であり、目覚めの縁(よすが)ではない。苦悩の原因は、この燃え盛る煩悩の火にある。一切の束縛を離れ、理想の境地に達するために、その火を吹き消すのだ。心に燃え盛る煩悩の火を消すの

だ。その火を吹き消すことで、大いなる安らぎと清浄の境地が得られるだろう。これからは私に従って、正しい教えに基づいて修行を完成させよ。

右の釈迦の言葉は明らかに煩悩熾盛という言葉の原点に思える。釈迦当時の宗教、拝火教の一派への反論でもあったというが、釈迦は三毒の煩悩の火を吹き消すことを説いている。大乗仏教が成立する前の貴重な説法であるが、親鸞聖人や唯円房の立場は、浄土教の発達により、三毒の煩悩の解決は、阿弥陀如来の本願力以外にはないというものである。

本願を信ぜんには

「しかれば本願を信ぜんには、他の善も要にあらず」の一文であるが、従来二つの説がある。「本願を信じているなら」と「本願を信じるためには」の二つの解釈である。ただし親鸞聖人の教義には、こうした自力的な解釈はない。本願（名号）は信受するものである。ラジオが受信するのと同様である。凡夫側が本願を信じるならば等の表現は、広く浄土教や法然浄土宗には有り得るであろうが、親鸞聖人の教義ではない。

おそらく唯円房には、教義の異義者に対し人間界の論理（善悪論）で正して行こうという意志があったのかもしれない。また、文章が理解し易いように唯円版のアレンジを入れたとも考えられよう。唯円版のアレンジは他にも見られ、『歎異抄』はあくまで親鸞聖人真筆ではないことは充分に留意すべきであろう。

他の善も要にあらず

右の「他の善」とは、往生浄土のための様々な善根功徳を積む「善なる行」のことであろう。なぜならば、第一条は浄土へ往生をとげるという目的が大前提と考えられるからである。

「要にあらず」の要は、前に述べた「ただ信心を要とす」の要に対した語と読める。本願名号のはたらきにより、真実信心を凡夫が信受していることは、阿弥陀如来の真実心を身に受けているから、他の善行、功徳行など必要ないというのである。

念仏にまさるべき善

右の念仏とは、前にも述べたが、報恩感謝の念仏であると共に、阿弥陀如来のよび声でもある。ゆえに真宗では〝お念仏〟とか〝お念仏様〟と表現することがある。お念仏に対する法の味わい方は様々な形があってよいのである。それは凡夫のはからいを超えているからである。ただし様々な表現を念仏において可能とはいえ、凡夫世界でしか通用しない善悪論を、この第一条に入れたのは正しいことではない。唯円房に歎異の心があったにせよ、弥陀の本願念仏の世界には、老少・善悪・男女は不問であり、簡(えら)ばない。念仏は他力回向であり横超の法という仏のはからいである。凡夫世間の中で通用する善悪論・道徳論を、本願成就のみ名の上で語るのは誤りである。もし親鸞聖人が御在世であったとしたら、難色を示されることであろう。

唯円房が、凡夫世間の善悪論発想で右の一文を記したのは、凡夫世間で起きた異義・曲解の発生をなんとかしたい一心の思いによるものであろう。一般に『歎異抄』は善悪論を深く説いた書と一部で思われているが、それは誤りである。仏の世界・本願の世界は一如・不二の世界で、老少・善悪・男女・大小・明暗など、対立的・相対的二元論は本来ありえない。経典にある「明るい・遠い」などは、凡夫へのたとえである。ゆえに『歎異抄』に出てくる善悪論は、あくまで凡夫世間（人間界）でのみ通用する善悪論である。親鸞聖人の和讃（正像末和讃）にこう記されている。

よしあしの文字をもしらぬひとはみな
まことのこころなりけるを
善悪の字しりがほは
おほそらごとのかたちなり

右のごとく親鸞聖人は晩年に、まことのこころの良い人々は、よしあしを知らぬ人々とし、善悪の意味をさも知っているかのふりをする輩は、大そらごとの者たちだ、と表現している。明言するが、これは歎異の言葉である。実は親鸞聖人の御在世中から、関東の地などで他力念仏の世界を善悪論で説く異義者や曲解者が存在したのである。親鸞聖人が和讃にまで取り入れなければならぬほど、異義者たちの善悪論は、その地の門徒・門弟たちを困惑させていたのであろう。右の和讃は『歎異抄』を理解する一つのキーワードといえる大切な和讃である。

悪をもおそるべからず

右の一文は、一般に凡夫世間の道徳的善悪における〝悪事〟を勧めていると誤解され、『歎異抄』が古くから危険な書・誤解を受け易い書と評されて来た表現である。前述したが、『歎異抄』では世間の論理で本願念仏の世界を語っているが、それは唯円版アレンジというべきであろう。元々、凡夫・衆生すべての人間は、さとりの世界から見れば、罪悪深重・煩悩熾盛の身である。八万四千の煩悩を具足しながら、善だ悪だと論義しているのである。悪などふりかえらず、日頃、大小の悪を重ねながら過している。

繰り返すが第一条の主題は、浄土へ往生とぐるのが目的である。その目的のための善根功徳を論じているのが第一条の最後の部分である。ゆえにここで悪を〝恐れる〟というのは、三悪道行きを恐れたり、往生浄土へのさまたげとなる悪業・業報などを指しているとするのが自然であろう。三悪道とは、地獄・餓鬼・畜生の世界である。当時の人々が死後に阿弥陀の西方浄土を心から願ったことは各地に見られる阿弥陀堂の存在により理解出来、また、様々な往生伝も著されたことは、三悪道に堕ちたくないから往生伝をテキストにしたのである。

ところが、我々凡夫・衆生は、八万四千の煩悩を具足する罪悪深重・煩悩熾盛の最悪の凡夫である。諸仏浄土は多いが、凡夫にかなう仏国土は本来は無い。そこで法蔵菩薩は、罪悪深重・煩悩熾盛の凡夫まで救済する〝本願〟を建立されたのである。そしてその本願は、凡夫に悪や罪を勧めてはいない。それを勧める宗教などありえない。

弥陀の本願をさまたぐる

右の表現に関して、本願寺三代覚如(かくにょ)上人は、『口伝鈔』の中にこう記す。

上人　親鸞　仰(おお)せにのたまわく、「某(それがし)はまつたく善もほしからず、また悪もおそれなし。善のほしからざるゆゑは、弥陀の本願を信受するにまされる善なきがゆゑに。悪のおそれなきといふは、弥陀の本願をさまたぐる悪なきがゆゑに。

覚如上人は親鸞聖人に会ったことはないが、唯円房には、年代的に十分面授の可能性は高い。この『口伝鈔』と『歎異抄』の内容が一部似ているのは、不思議ではない。そして、本願寺八代・蓮如上人の『歎異抄』の写本が現在最古の写本であるが、蓮如上人は『歎異抄』の原本を持っていたと考えられる。すると本願寺三代の覚如上人も、明らかに『歎異抄』の原本を目にしていると共に、唯円房自身にも面授している。つまり『口伝鈔』の右の一文は、より『歎異抄』の原本に近い可能性も否定出来ない。

蓮如写本には「弥陀の本願をさまたぐるほどの悪なきゆゑに」とあるが、『口伝鈔』には「悪なきがゆゑに」とあり、永正本『歎異抄』（東本願寺蔵）にも、「悪なきがゆゑに」と記されている。私見ではあるが、『歎異抄』の原本には「悪なきがゆゑに」と記されていたのではなかろうか。そうなれば、意味も少し変わる。つまり「弥陀の本願をさまたげるような〝悪〟などありえない」と、すんなり訳せるような気がするのである。

実際に、いかなる凡夫の〝悪業〟要素も、阿弥陀如来の本願のはたらきの前には、さまたげられるものは〝皆無〟である。

凡夫がどのように大きく両手を広げても、春の強い風は、まったくものともせずに吹きわたるごとくである。

第二条

原　文

一　おのおの十余箇国のさかひをこえて、身命をかへりみずして、たづねきたらしめたまふ御こころざし、ひとへに往生極楽のみちを問ひきかんがためなり。しかるに念仏よりほかに往生のみちをも存知し、また法文等をもしりたるらんと、こころにくくおぼしめしておはしましてはんべらんは、おほきなるあやまりなり。もししからば、南都北嶺にもゆゆしき学生たちおほく座せられて候ふなれば、かのひとにもあひたてまつりて、往生の要よくよくきかるべきなり。親鸞におきては、ただ念仏して弥陀にたすけられまゐらすべしと、よきひと（法然）の仰せをかぶりて信ずるほかに別の子細なきなり。念仏は、まことに浄土に生るるたねにてやはんべらん、また地獄におつべき業にてやはんべるらん。総じてもつて存知せざるなり。たとひ法然聖人にすかされまゐらせて、念仏して地獄におちたりとも、さらに後悔すべからず候ふ。そのゆゑは、自余の行もはげみて仏に成るべかりける身が、念仏を申して地獄にもおちて候はばこそ、すかされたてまつりてといふ後悔も候はめ。いづれの行もおよびがたき身なれば、とても地獄は一定すみかぞかし。弥陀の本願まことにおはしまさば、釈尊の説教虚言なるべからず。仏説まことにおはしまさば、善導の御釈虚言したまふべからず。善導の御釈まことならば、法然の仰せそらごとならんや。法然の仰せまことならば、親鸞が申すむね、またもつてむなしかるべからず候ふか。詮ずるところ、愚身の信心におきてはかくのごとし。このうへは、念仏をとりて信じたてまつらんとも、またすてんとも、面々の御はからひなりと云々。（註釈版八三二～八三三頁）

現代語・意訳

みなさんは、関東から京都まで十数カ国の国境いを越えて来られました。正に命がけで訪ねて来られた目的は、ひとすじに往生浄土（極楽）の道を聞くためでしょう。しかし私、親鸞は、念仏以外に往生の道は知りません。また、念仏以外の道を説く仏法書を秘かに持っているというみなさんの疑いは、大きな誤解です。それを理解してもらえないならば、奈良の諸大寺や比叡山には立派な学僧がおられますから、その人たちに会って他力念仏以外の特別な往生の道を聞かれたらよいでしょう。私、親鸞においては、「ただ念仏して弥陀にたすけられ、まいらすべし」と言われた法然聖人の教えを信順しているだけです。その法然聖人の教えに、念仏以外の秘密の行法などありませんでした。

今回、みなさんが質問されるごとく、正に念仏は浄土に生まれるたねかもしれません。また、念仏は地獄へおちる業（行為）なのかもしれません。みなさんはそこが知りたいのでありましょう。しかし、それらを私、親鸞はまったく知りませんし、まったく説明出来ないのです。たとえば法然聖人の教えにだまされて念仏申したことにより、地獄におちたとしても、まったく後悔はしません。なぜならば、世の多くの諸行をはげめば仏に成れるはずの私であったとすれば、うっかり念仏を申し地獄におちてしまった時、「だまされた」と後悔することでありましょう。

世の多くの修行もおよばず、凡夫は正に地獄が定まったすみか……と法蔵菩薩が見抜いてくださったのが浄土教です。凡夫のための行を五劫の間、思惟され、法蔵菩薩は阿弥陀如来となられたのです。本願は成就され、その行は大行と言い〃名号〃と完成したのです。

みなさん聞いてください。弥陀の本願がまことであるならば、釈尊の説教（仏説）は虚言ではありません。仏説がまことであるならば、善導大師の仏説解釈もうそではありません。善導大師の御釈がまことであるならば、法然聖人の教えはうそではありません。法然聖人の教えがまことならば、私、親鸞の申していることはそらごとではないのです。私、親鸞の申している本願念仏の教えは、釈尊から直結した法脈であり、そのまま仏説なのです。私、親鸞の私説ではありません。私だけが知っている、秘密の教えがあるはずはありません。一部の怪しい念仏僧の虚言にまどわされてはいけません。

以上、愚かな身の私、親鸞における信心はこのようなものです。私の言葉を聞いて、念仏を仏説として今後も信じるのか、または、念仏をすてるのかはみなさん次第です。

各文意

第二条の場面について

この第二条も、前置きや導入文もなく、いきなり親鸞聖人の厳しい言葉から始まる。しかしその厳しい言葉の内容を見れば、何が起き、誰がなぜそこにいるのか等を知ることが出来る。第二条は長文であるが、良く出来たドラマや映画の場面の入り方のごとく、唯円房の編集能力の高さを感じるのである。その証(あか)しに、『歎異抄』は戯曲化されたりアニメ映画になるなど、各条の内容がドラマチックである。唯円房は伝記作家の才能があり、高僧伝の製作グループと関わりがあるのではないかと想像も出来よう。

第二条は、はるばる関東から京都まで、命がけの旅をして来た門弟・門徒グループに対する言葉から始まる。八人から十人くらいのグループであろうか、彼らは数々の質問を親鸞聖人に出したようである。文中から察すると、関東あたりで広まっている曲解・異義である。略し列記すると、

○念仏の外に往生の法があるのか。
○念仏以外に秘密の教えがあるのか。
○念仏教義より優れた秘密の書物があるのか。
○念仏で本当に浄土へ往生出来るのか。
○念仏は地獄行きの業（行為）なのか。

右は第二条の文脈から想像した、門弟たちの疑問である。

はるばる京都へ来て親鸞聖人に会えた門弟たちも、親鸞聖人自身も涙が出るくらいの喜びであったと想像する。しかし関東に広がる異義・曲解の想像以上の現状を、門弟たちの表情や質問内容から知ることが出来た親鸞聖人の言葉は厳しくなって行くのである。

関東あたりで広まっている異義・曲解の発生源の一つは、慈信房（じしんぼう）によるものとの通説が

ある。その内容は前述した中の、念仏以外に秘密の教えがあるという異義。さらに親鸞聖人が秘密の教本類を持っているかの曲解である。

慈信房という人物は実在の人物で、親鸞聖人の息男である。早くから発生していた関東の異義・曲解を正すために、父親鸞聖人の命を受けて関東へ戻った。実は慈信房にとって関東は、少年から青年期に二十年間すごした大切な地であった。言葉も坂東(ばんどう)の訛(なま)りが出来たことであろう。しかし、その慈信房自身が、関東において異義・曲解を説き始めたというのである。父親鸞聖人は、慈信房を義絶する。いわゆる「慈信房義絶事件」である。ただし、この事件には確実な史料・資料が少なく、明確なことがよくわかっていない。謎は多く、この事件を「善鸞(ぜんらん)事件」ともいうが、「善鸞」という言葉事体は当時の文書類に出ず、親鸞聖人のひ孫の覚如上人の時代から出てくる名である。もしかしたら、父子義絶の形を世にわざと公開し、当時広まりすぎていた異義・曲解を静めようとしたとも考えられる。というのは、浄土宗や親鸞の浄土真宗には破門はありえない言葉だからである。

法然・親鸞教団は、他力易行門であり、他力浄土門である。法然・親鸞の直弟子というより、仏弟子といえる。ゆえに法然聖人は、はっきりとジャッジ（判定）をしない。ゆえに一念義と多念義に白黒つけず、有名な門下での信行両座でも、ジャッジせず、「私ならこちらに座ります」と、信の座に座した。門弟たちと同じ表現方法を取ったのである。そこが、法然聖人の尊さである。

時に法然聖人は念仏弾圧の際に、数名の門弟を破門した、との記述を目にするが、法然聖人は自ら正式に門弟を破門したことはない。当時の権力者や、諸大寺の圧力によって、破門の〝形〟を取っただけである。師も門弟も同じ他力浄土門であり他力易行念仏門の中にいるので、破門は不可である。これは親鸞聖人の浄土真宗教団も同じである、

すこし説明が長くなったが、ここで言いたいのは、父子義絶そのものは史実としてあったけれども、それは法然聖人が法難を静めるために心に涙しながら門弟破門の形を取った対応と似ているのではないかということである。思えば、関東で異義・曲解を説いている者たちは、親鸞聖人ゆかりの門下だけとは限らず、前述の異義内容にあるように、念仏する者は地獄へおちるのだ……という異義者も存在していた。それらは、法華宗的な反念仏教徒によるものであったとも考えられるが、確かな資料は無い。しかし命がけで関東から京都まで正しい教義を聞きに来る人々があるほど、関東は混乱していたといえよう。

地獄は一定

第二条にはとても有名な言葉が記されている。それは「地獄は一定(いちじょう)すみか」という親鸞聖人の言葉であり、世の中の様々な出版本に出てくることも多い、とても印象的な言葉で

ある。第二条は親鸞聖人の厳しい言葉から始まり、教義上における聖人の姿勢を知ることが出来る。その厳しい言葉の後に自らの思いを印象的に述べる。

聖人はまず、自身の念仏は法然聖人の「ただ念仏すべし」の教示に従っただけで、秘密の奥義などないとしている。さらに念仏は凡夫のはからいでなく、仏側のはからいゆえに凡夫が往生するのか、地獄へおちるのか、私（親鸞）には「わからない」と述べて、「もし法然聖人にだまされて地獄におちても後悔しない」とし、その理由を述べている。

その昔、フランスの少女が両親を亡くし、大きな悲しみの中、パリ市内でたまたま日本文化展（生け花）を見て感銘を受けた。少女は日本文化が好きになり、日本文化を代表する本を探す。そこでたまたま『歎異抄』に出遇った。印象的な表現が多い『歎異抄』の各条の文章から、彼女は心から離れない言葉に出遇う。それが、「たとひ法然聖人にすかされまゐらせて、念仏して地獄におちたりとも、さらに後悔すべからず候ふ」の一文である。彼女は思う。「ここまで人を信じられるものなのか。地獄におちても、さらに後悔しない……、これは宗教なのか」という思いが強くなり、とうとう彼女はフランスからシベリア鉄道で日本へ向かうのである。その目的とは「親鸞おじさんに会いたい」の一心である。

地獄におちても、さらに後悔しないと述べる著名な宗教者に会って話がしたいと日本の地を踏むが、彼女は残念ながら親鸞おじさんには会えなかった。親鸞おじさんは、約八百年前に活躍した宗教者であると知った彼女は、縁あって、真宗教義を学ぶことになり、日本人と結婚し、名前は藤田ジャクリーンさんとなる。元々彼女が遇いたかった人物は、唯円房でもなく、法然聖人でもなく、親鸞聖人であったことは興味深い。

そしてこの実話で気付くのは『歎異抄』には時代も国境もないということである。元々仏教もインド人専用の宗教ではない。ゆえにバラモン教やヒンズー教のようにカースト制度を是認しないし、ガンジス川の沐浴も勧めない。民族宗教ではなく、一国家の安泰や安国を目的とする自国ファーストの宗教ではない。『歎異抄』は日本語で書かれていても、国家をこえた普遍的な思想であるから、世界中の識者に支持されているのであろう。

さて話を戻す。例の「いづれの行もおよびがたき身なれば、とても地獄は一定すみかぞかし」の言葉は、とても有名な言葉であり、親鸞聖人の思い、思想を代表しているとの評も多い。世の多くの『歎異抄』関連書が、親鸞聖人自身の気付きと論述しており、それも一評論であるとは思う。ただし浄土教は出発が法蔵菩薩であり、法蔵菩薩を抜きにして、凡夫の念仏・信心・往生の世界を語るべきではない。『歎異抄』第二条に限らず親鸞聖人が常に教示される理論は、主語が法蔵菩薩であり、阿弥陀如来であり、その本願名号である。ゆえに「いづれの行もおよびがたき身」と凡夫の正体を見抜いてくださったのは〝法蔵菩薩〟であり、「地獄は一定」と凡夫の正体を見抜いてくださったのも〝法蔵菩薩〟である。

親鸞聖人が、いかに天才宗教者であっても、世のすべての修行を知ることは不可能で、さらに六道を見渡し、地獄が定まったすみかと覩見(とけん)することも不可能である。もし聖人が「すみかなり」と言われたならば、「すみかだよ」と断定した表現となるが、「すみかぞかし」と言われているので、「すみかなのだよ」といった、すこし幅をもたせた言葉と考えられる。浄土教の阿弥陀信迎をはじめ、浄土宗法然聖人も親鸞聖人も、救済論の主語は法蔵菩薩（阿弥陀如来）である。

十方の微塵世界の凡夫・衆生の正体を見抜き、みそなわし、ひたすら五劫の間、法蔵菩薩が完成しようと御苦労された最大の目的は何か。これこそが凡夫のための〝行〟である。いずれの行もおよびがたき凡夫のために完成されたのが、大行である。『教行信証』の行の巻は、その大行の説明である。大行とは名号である。ゆえに第二条原文に一文を加えるならば、「地獄は一定すみかぞかし。（と法蔵菩薩が見抜いてくださり、凡夫の行を完成し阿弥陀如来となられた。その）弥陀の本願まことにおはしまさば……云々」という形になるかと思う。

元々本願は悲願であり、法蔵菩薩の誓願なのである。凡夫の正体を見抜いてくださった唯一の菩薩が法蔵菩薩であり、その正体とは、いずれの行も不完全、地獄は一定というありのままの姿である。日本最高峰の修行をしても行の後、わらじの裏には無数の小さな生き物の死がいがはり付いている。初期仏教やチベット僧はそれを避けるが、日本の修行では、その死がいに気付くのは、下積みの堂僧である。修行を支える堂僧であった若き親鸞聖人は行とは何かについて悩んだことであろう。そして聖人は雑毒の善、虚仮の行の一面にも気付き、雑行を捨てて本願に帰した。

弥陀の本願は元々、法蔵菩薩ゆえに気付くことが出来た地獄は一定という凡夫の姿をあわれみ誓われた願いである。「地獄は一定」の凡夫のために、往生は一定という大行（名号）を完成してくださったのである。名号とは名声（こえ）のみである。

さて、この「地獄は一定」の語に関して触れておくべき『恵信尼消息（えしんにしょうそく）』の一文がある。恵信尼は親鸞聖人の妻であり、『恵信尼消息』は親鸞聖人没後に娘の覚信尼に対して出された手紙である。その中に法然聖人の教えに出遇った若き親鸞聖人の言葉が記されている。即ち、「上人（法然聖人）のわたらせたまはんところには、人はいかにも申せ、たとひ悪道（地獄など）にわたらせたまふべしと申すとも、世々生々にも迷ひければこそありけめとまで思ひまゐらする身なれば」とある。

右の一文は、「尊敬する法然聖人が行く処であれば、人が何といおうと、地獄のような処でも付いて行きます。それは今まで迷いの六道世界の生死をくり返して来た私であるからこそ」という親鸞聖人の正直な心の内が記されている。これは『恵信尼消息』と『歎異抄』の共通する部分であり興味深い。

『歎異抄』の一文は地獄に一人でおちても後悔しないと表現するが、『恵信尼消息』の一文は師と共に二人でおちてもよい、との違いはある。また一方は、法然聖人にだまされての地獄行きであり、一方は尊敬する師に地獄でもついてゆくという表現であるが、思いは一つである。恵信尼は文中、他の人が何と言おうとも……と記しているが、当時、法然聖人の専修念仏を非難する高僧が少なくなかった実情を示していると想像出来る。

このようにただ一すじに念仏することにより、地獄へ行くとしても、師に従うという親鸞聖人の態度は両方の文書にあり、聖人の確かな思いであると確認出来る。しかし『歎異抄』の表現の方がより厳しい言葉になっているのは、相手が関東から教義の迷いを持って来た門弟たちであったゆえであろう。

以上のごとく、『歎異抄』も『恵信尼消息』も、親鸞聖人の生の声を記録している文書であるので、時に参照する意義は大きいと考える。

師資相承

『歎異抄』の前序に「先師の口伝」または「耳に留むる」とあるように、仏教では教義を師から弟子そして代々その弟子へ口伝する法脈（血脈）を大切にする。これを「師資相承」といい、仏道を歩む者は必ず師に仕える必要がある。仏教では個人単独でさとることはありえない。逆にいえば、師の師を代々さかのぼれば釈迦までたどり着くべき考え方で、これは仏教の伝統である。法蔵菩薩が世自在王仏という師仏に仕えたのも、それが仏道の大前提ゆえである。

『歎異抄』第二条の後半の文は正にそれを示している。その文、「弥陀の本願まことにおはしまさば、釈尊の説教（中略）善導の御釈（中略）法然の仰せ（中略）親鸞が申すむね、またもつてむなしかるべからず候ふか」とあるのは、私、親鸞への法脈は釈尊から脈々と続いています、との意もあるともいえる。が、逆にさかのぼれば、法然聖人や善導大師だけではなく、何十人、何百人がつながり、インドの釈尊まで直結しているとの理解もすべきなのである。師から人へ、師から人への法脈は面授口決ともいい、唯円房は、長年親鸞聖人の面授口決を受けているので、『歎異抄』を著す者としてふさわしいということである。

はるばる関東から京都まで親鸞聖人に会いに来た門弟・門徒のグループは、最初は聖人から厳しい言葉をいただいたけれど、正に面授口決という貴い形であり師資相承でもあるので、関東グループにとっては喜びの対面であったと考える。みなみな涙したことであろう。関東へ帰っても彼らは親鸞聖人面授の人として一目置かれたことであろう。第二条において最初は厳しい言葉を述べた親鸞聖人も、後半は聖人自らは釈尊直結の師資相承を説いたということは、関東グループの面々に、「あなた方も法脈の中にあります」との説示であり、ぬくもりに満ちた言葉でもあったはずである。そして勝手な想像であるが、最初の聖人の厳しい言葉「そんな質問をするために、わざわざ十数ケ国の長距離を命がけで京都へ来るとは……」の語に関して必ず教示されたであろう言葉は「もし命がけでする事があるとすれば、それは仏恩報謝である。如来の大悲、五劫思惟の御苦行は身を粉にしても報謝すべし」と聖人自ら語ったと想像する。

関東から京都まで親鸞聖人の教示に遇うために足を運ぶ門弟・門徒団は他にもあったと考える。京都時代の親鸞聖人の自筆聖教類や、御消息（手紙）が関東に残っているからである。『歎異抄』第二条は、そうした晩年の親鸞聖人と関東の人々との関係を知ることが出来る貴重な史料でもある。

愚身の信心

第二条の内容はすべて親鸞聖人自身の生の言葉であり、ここに門弟たちや記録係の声は入っていない。この場面の日時や説明もまったくない。ゆえにドラマチックであり、多くの人々を引き付けるのであろう。その第二条の最後の部分は「愚身の信心におきてはかくのごとし」と、ここでやっと信心が登場する。第一条は『歎異抄』の大黒柱のように「ただ信心を要（かなめ）とす」と信心正因の立場で、第一条にふさわしい真宗の要を教示してある。しかし第二条は、テーマが念仏になり、念仏正因的に感じる文体も多いように受けとめる。世に出された『歎異抄』関連本の中には、この第二条の言葉を断片的に引用し、親鸞聖人を代表する言葉と説くものもある。たとえば、「親鸞聖人は、ただ念仏すべし……と説いている」とか、「念仏して地獄におちたりとも、さらに後悔すべからず候ふ」とか、特に印象的な言葉を前後の文脈を考慮せず、各条との関連も示さず論じているものが少なくない。

『歎異抄』は唯円房が親鸞聖人の大切にされた〝真信〟、つまり真実信心の教えを残そうとした書である。それは「ただ信心を要とするべし」の言葉に尽きる。この点があいまいな書が多く世に出ており、信心正因なのか念仏正因なのか不明な論考の一般書も多い気がする。『歎異抄』の各条を総じて読んでみれば、必ず正しく理解出来る部分ではある。

もちろん念仏を軽視してはいけないことは明記しておく。ゆえに第二条の言葉、「愚身の信心」という親鸞聖人の〝まとめ〟の表現はとても重要であり、この言葉が無ければ、「ただ念仏すべし」の言葉が親鸞聖人を代表する言葉になりかねないこともあったと思われる。他力本願・悪人正機・自然法爾など、一般書の中には、親鸞聖人の完全オリジナルの造語としているものも多いが、それらの誤解については、本書各所で詳述したいと考えている。

念仏をとりて信じ

第二条の最終的な言葉として、この部分は親鸞聖人の苦言のような内容である。すこし冷たい言葉に感じるが、第二条の「まとめ」として意義あるものとなっている。親鸞聖人は「愚身の信心におきてはかくのごとし」と述べて、「このうへは」と前置きし、「念仏をとりて信じたてまつらんとも、またすてんとも、面々の御はからひなり」と門弟たちに言った。この「念仏を信じる」という表現法は、法然聖人がよく使っていた表現である。「念仏を取っても捨ててもみなさん次第だよ」との言葉に、門弟たちは迷い、右往左往しただろうか。逆であろう。門弟たちはおそらく次のように答えたはずである。

「聖人様、お念仏は仏の御はからいであり、よび声であります。昔から常にそう聞いてまいりました。ゆえに衆生の側から取ったり捨てたり出来ません。阿弥陀如来は摂取不捨の仏様と聞いております。凡夫・衆生をおさめ取り、決して捨てない仏様です。その仏様のよび声が、お念仏であり御はからいと思います。凡夫・衆生のはからうものではありません」と。

右のような門弟たちの言葉を聞いた聖人には笑顔が戻ったことであろう。そして、あらためて親鸞聖人は、関東からの大切な客人（門弟たち）に対して他力真宗の要を説いたことであろう。その要とは実に『歎異抄』第一条のほぼ全文である。関東からの門弟たちは、念仏より外の道や秘密の教があるのか。念仏で地獄（三悪道）へおちるのか。本気で質問した。親鸞聖人はあの名文を述べる。「念仏申さんとおもいたつこころのおこるとき……摂取不捨……念仏にまさるべき善なきゆゑ……悪（三悪道行き）をもおそるべからず」と、聖人は明確に答えているといえよう。これは『歎異抄』「中序」にある、京都にて関東の人々に毎回伝えたとする「御意趣」そのものであろう。前文無き、『歎異抄』の第一条と、第二条はここで継がることになるのである。

他力真宗の〝要〟の中の〝要〟ゆえに、第一条の位置にあえて、唯円房は定めたのであろう。

［追記］①

本書の参考文献として参照した田村実造氏（元京都大学教授・元京都女子大学学長）の著『歎異抄を読む』（ＮＨＫブックス）に目を通すと、田村氏は、その著において、第一条をわざわざ第二条と第三条の次に載せて、2・3・1の順番で解説している。その方が説明し易いからという理由であるが、この思い切った方法は、『歎異抄』の本質を見抜いた田村氏の英断といえよう。

〔追記〕②

『歎異抄』第二条に関する妙好人才市同行の「口あい」をここに紹介したい。「あたしゃ地獄におちるじゃないよ　地獄は現に　すみか　すみか」とあり、才市同行と『歎異抄』第二条の関係を明確にしている。右の口あいは、本願寺派山陰教区『山陰妙好人カレンダー（令和五年版）』に記載。

第三条

原　文

一　善人なほもつて往生をとぐ、いはんや悪人をや。しかるを世のひとつねにいはく、「悪人なほ往生す。いかにいはんや善人をや」。この条、一旦そのいはれあるに似たれども、本願他力の意趣にそむけり。そのゆゑは、自力作善のひとは、ひとへに他力をたのむこころかけたるあひだ、弥陀の本願にあらず。しかれども、自力のこころをひるがへして、他力をたのみたてまつれば、真実報土の往生をとぐるなり。煩悩具足のわれらは、いづれの行にても生死をはなるることあるべからざるを、あはれみたまひて願をおこしたまふ本意、悪人成仏のためなれば、他力をたのみたてまつる悪人、もつとも往生の正因なり。よつて善人だにこそ往生すれ、まして悪人はと、仰せ候ひき。

（註釈版八三三～八三四頁）

現代語・意訳

善人（善行往生）であっても浄土へ往生出来るのです。とすれば悪人（善行不可能）の自覚ある人々こそ浄土へ往生すべき人々です。

けれども世の中の人々は、いつもこう言います。「悪人ですら浄土へ往生するという。だったら、なおさら善人が浄土へ往生出来ないことがあろうか」と。この言葉は一度聞くと理屈が合っているようではありますが、これは阿弥陀如来の本願の心（私は声の仏となり、すべてを救う）にかなっていません。

その理由は、常に善根功徳を積み自力で浄土へ往生出来ると思い込んでいる善男善女の人々は、本願の心に出遇っていないことです。しかしながら自力中心の思いをすてはてて、本願の心に気付かされた者は、他力（本願力）により必ず真実の浄土へ往生し、さとりを開くのです。

　煩悩多き凡夫の私たち人間はあらゆる行を修行したとしても、さとりに到る事が出来ない凡夫の本質を見抜き、あわれんだ法蔵菩薩（阿弥陀如来）が誓願（本願）をおこしたのです。その本来の目的は悪人成仏のためです。ゆえに他力（本願力）こそが唯一の往生の法と知り、自力の修行や作善では往生最難度と知る悪人（凡夫）こそが本願のめあてであり、往生すべき人々なのです。だからこそ最初の言葉、「善人（善行往生）であっても浄土へ往生出来るのです。とすれば悪人（善行不可能）の自覚ある人々こそ浄土へ往生すべき人々です」と親鸞聖人は仰せられたのです。

各文意

善人と悪人

この第三条は、いわゆる善悪論による往生論を展開しているが、浄土教や真宗の要の一つは、老少・善悪・男女不問ということである。凡夫の判断基準で決めた善と悪は、阿弥陀如来の浄土真実の前には浅はかなものである。しかし自力の仏教は世間に向け善男善女になることを勧めており、凡夫なりに善悪を判断し、人間界を迷いながら生きているのである。しかし善の中にも悪が内在していることもあり、悪の中にも善が内在していることもある。親鸞聖人は「善悪の二つは総じてもって存知しない」と述べているにもかかわらず、第三条に記される善悪論と往生論は、「世間の人々」の目線や言葉に合わせて論じたものである。ただよく考えてみると、この第三条の内容や言葉ゆえに世界中の知識人などが『歎異抄』に注目した事実は見過ごせないといえる。「善人なほもつて往生をとぐ、いはんや悪人をや」。この言葉は親鸞聖人を語る世の多くの一般書などに見られるものである。

また、親鸞聖人といえば、まず「悪人正機」の言葉が多くの書物に紹介されるが、この四字熟語は江戸時代の学僧による造語であり、親鸞聖人や唯円房の言葉ではない。第三条には「悪人成仏」とあるが、これも世間の人々の善悪論の目線で親鸞聖人が表現したもので、『歎異抄』全体を見れば、やはり親鸞聖人は善悪不問・不知の立場である。その立場を知った上で、第三条の現代語・意訳を読んでいただければ、ほぼ内容を理解していただけると考える。

自力作善

第三条では大切な部分で自力と他力の語が使われている。たとえば自力作善の人、つまり善人のことである。これは自分の力で浄土へ往生しようとする人、またはそう思い込んでいる人である。たとえば日本から自力で泳いでインドへ行くように難中の難であるが、その思いは立派といえる。また自力作善つまり善根功徳を自ら積んで浄土へ往生しようとする善男善女であるが、問題もある。その一例をあげよう。

奈良時代から日本では放生会（ほうじょうえ）という善根功徳の風習がある。これはアジアの仏教国にも一部残っている風習であるが、亀や魚を買って命を取らず、そのまま川や池に放してやる慈悲の行のような行為である。江戸時代の町版絵本の中には、川の橋のたもとに亀などが数匹、縄でしばられて売られている絵もある。善男善女は善根功徳を積むために亀や魚をお金を出して買い、川や池（放生池など）に放して助けてあげるのである。

ただ問題は亀や魚は、この放生会のために、人間のエゴのために、わざわざ川や池からつかまえられた命であり、多くの場合放生会のために再度つかまえられるのである。善男善女は何度も放生をし、自分こそ功徳多き善人と喜ぶのである。亀や魚からすれば、「冗談じゃない、あの人は善男善女じゃない！」と心で叫ぶであろう。

その二例目。古来日本では観音霊場めぐりのような何カ所めぐりの風習があった。その一部の寺の中には関所寺なる寺があったという。関所寺は門があり、その門は善人しか通ることが出来ない決まりがある。おそらく善男善女はその門を堂々と通るであろう。

ふりかえると私たち人間は生かされて生きている。生きるために多くのいのちを踏み台にし、支えてもらっている。今も無数の命が、私を生かしてくれている。その無数の命たちが、関所寺の門を通る善男善女を見たら、どう叫ぶだろうか。

おそらく親鸞聖人であれば、〝善人の門〟は、けっして通らないことであろう。親鸞聖人は、私を支える命をふりかえることのない悲しき善人、つまり善男善女の姿を世に知ってもらうために世間の俗語を使い教示した。

「善人なほもつて往生をとぐ。いわんや悪人をや」と。善人のような悲しき人々であっても往生の道が開かれている。つまり阿弥陀如来は、善人のような悲しき人々にもあわれんで大悲でつつもうとされているといえよう。

さて『口伝鈔』には、

善悪のふたつ、宿因のはからひとして現果を感ずるところなり。しかればまつたく、往生においては善もたすけとならず、悪もさはりとならずといふこと、これをもつて准知すべし。

とある。覚如上人は、善悪行為などは過去世の因縁によるものもあるので、現世に結果としてあらわれるもの、と如信上人から口伝されている。如信上人は親鸞聖人からの口伝の人である。さらに右の一文には、往生においては善もたすけとならず、悪もさわりとならず……と記している。これは、凡夫の目線での善悪は意味がなく、往生浄土には阿弥陀如来の本願の目線がすべてということである。

ここまで述べて来たように、煩悩具足の凡夫、つまりすべての衆生は修行・苦行・善行をしても、その満足感の裏では矛盾が起こっていることも多い。これを親鸞聖人は「雑毒の善、虚仮の行」と表現した。親鸞聖人にとってもっとも尊い行「大行」とは、法蔵菩薩が五劫という永い永い時間をかけて完成された「本願名号」のことである。名号とは〝よび声〟のことであり、〝声の仏〟でもある。真宗は声の宗教とも言われるのである。何度も言うが、親鸞聖人は〝名号〟のことを〝声〟としかイメージしていない。これは親鸞教義の中心である。

いづれの行にても

第三条の後半の文、「煩悩具足のわれらは、いづれの行にても生死をはなるることあるべからざるを、あはれみたまひて願をおこしたまふ本意、悪人成仏のためなれば」であるが、正にこの一文で、第二条の「いづれの行もおよびがたき身……地獄は一定……」の本意は、あくまでも法蔵菩薩（阿弥陀如来）の本意「あはれみたまひて願をおこしたまふ本意」であることが明確にわかる。

つまり「地獄は一定」と凡夫の本質を完全に見抜いてくださったのは、親鸞聖人ではなく法蔵菩薩である。五劫の涙は凡夫衆生の不完全な行をあわれみ、「私が凡夫衆生のための完全なる〝行〟を完成させよう」と、永遠ともいえる永い時間を要して大行として完成してくださったのである。ゆえに往生は一定なのである。

悪人成仏

この言葉だけを世間に出すと、世間の人々は混乱するだろう。これは悪人正機という造語も同様である。世にそうした書物も存在し、それを読んだ人の中には、『歎異抄』に目くじらを立てる人も多少いることは確かである。すこし前述したように「悪人」とは、自力で浄土へ往生出来ないと自らの姿をふりかえった人であり、他力にまかせる意味を知っている凡夫のことである。凡夫と知らされたということは如来の大悲は照らされているということである。他力とは如来の本願力のことである。本願力とは本願名号のことである。名号とは、阿弥陀如来のよび声のことである。

親鸞聖人の御在世の八百年前にしろ、千年前にしろ、仏教の盛んな日本で、人々は善男善女になることを目指していた。日本の大乗仏教は、この世で、または浄土で仏様になれる仏教であるからである。善男善女は善人であり、寺や仏塔を建立出来る貴族だけでなく一般民衆も、放生会などの仏教行事に参加していた。放生会に行く善男善女は、足の裏で小さな虫を踏みつぶしながら目的地へ行くことになる。他にも見えない矛盾は多いことであろう。

要するに凡夫・衆生の善行なるものは不完全であり、あらゆる善も真実になし得ないことを『歎異抄』は教示している。親鸞聖人の立場は、「私はとても善男善女にはなれない、世間でいう善人にはなりきれない」というものである。その思いによく似たうたが、金子みすゞの作ったものにある。即ち、

お花だったら

もしも私がお花なら、
とてもいい子になれるだろ。

ものが言えなきゃ、あるけなきゃ、
なんでおいたをするものか。

だけど、誰かがやって来て、
いやな花だといったなら、
すぐに怒ってしぼむだろ。

もしもお花になったって、

やっぱしいい子にゃなれまいな、
お花のようにはなれまいな。

このように金子みすゞは、よい子になりきれない自分の本性をうたにしている。上山大峻氏は、このうたの評として「浄土真宗の教えでは、いい子であることを決して救いの条件にはしません。むしろ、罪をつくってやまない、いい子になれない私を救うことこそが、仏さまの目的なのです。いい子になれないと嘆くみすゞさんにも《そんな子こそ、救いたいのだよ》と語りかける仏さまの声は、きっと聞こえていたことでしょう」（『金子みすゞがうたう心のふるさと』上山大峻〔自照社出版〕）と論じている。「いい子になれない」の語は、善人になりきれない、という親鸞聖人の思いに通じるものであり、『歎異抄』の大切なメッセージの一つでもある。

八百年前、自分は善男善女だ、善人成仏は当然だ、善人正機だ（正機→すくいのめあて）と両手をふり上げて町を歩く悲しき善人に向けて発した親鸞聖人の本音の言葉、それがこの第三条である。その言葉の原点は法然聖人にあるとも言われている。

『歎異抄』の第三条こそが、親鸞聖人の思想のトレードマークのように語る一般書もあるが、あくまでも親鸞聖人の思想・教義の要は第一条の一文以外にはない。それこそ、「弥陀の本願には、老少・善悪のひとをえらばれず、ただ信心を要とするべし」とあるように、凡夫や世界の善悪論は阿弥陀如来の本願の心の前には意味がなくなってしまうといえよう。『歎異抄』はひたすら〝ただ信心の書〟なのである。それは一部の宗教にあるように、「世のため、人のため、親を大切に、友を大切に、心優しく、善いことばかり努める」、そうした善行の延長線に信心があるのではない。

善男善女になれない凡夫を見抜いていてこそ、阿弥陀如来から仏心（信心）が届くのである。よい子になれなくても良いのである。

生死をはなるること

第三条の一文「いづれの行にても生死をはなるることあるべからざる」に関して、さらに大切な部分をここで述べておきたい。「生死をはなるる」とは、さとりを開くことであり、仏様になることである。浄土教でいえば、浄土へ往生することである。世の中には、「自力の方が立派だ。他力本願は消極的だ」と自論を展開する人は多い。ただし親鸞聖人の他力思想においては、自力では浄土へ往けない、という考えである。第三条は世間の人々の目線での言葉もあるので誤解されやすいが、人が泳いで日本からインドに行く姿と同じであり、立派ではあるが、不可能といわなければならない。つまり「善人なほもつて往生をとぐ。いや不可なり」と表現しなければならない。いずれの行とは自力の行ということである。「いづれの自力の行にても生死をはなるることあるべからざる」、つまり浄土に往生出来ないということは他力でしか浄土へ往生出来ないということである。

他力とは本願力のことである。そもそも浄土は本願の成就した世界である。本願とは法蔵菩薩（阿弥陀如来）の四十八願であり、その中心は十八願であり、その中心は「聞其名号」である。「聞其名号」とは「私は声の仏となり、すべてを救う」という仏のよび声である。本願と他力は同義であるので、阿弥陀の浄土へは他力でしか往くことが出来ない。自力で浄土へは往けないのであり、浄土へ往く方法が他力と自力の二種類あるわけではない。浄土への道は一つしかない。正確には浄土への道ではなく、「浄土からの道」である。なぜならば、仏のよび声の中に、すべてが込められ、すべてが届く「他力回向」だからである。そのよび声が本願名号である。名号とは南無阿弥陀仏の声のみである。後の時代に文字の尊号も名号と呼ぶようになる。浄土宗の利剣の名号も文字であるが、南北朝期以降の文化である。

何度も言うが、阿弥陀の真実の浄土は本願成就の世界なので本願力（他力）でしか往くことが出来ない。これは親鸞聖人の教義（宗祖義）の大切な部分の一つである。

第四条

原　文

一　慈悲(じひ)に聖道(しょうどう)・浄土(じょうど)のかはりめあり。聖道の慈悲といふは、ものをあはれみ、かなしみ、はぐくむなり。しかれども、おもふがごとくたすけとぐること、きはめてありがたし。浄土の慈悲といふは、念仏して、いそぎ仏に成りて、大慈大悲心をもつて、おもふがごとく衆生を利益(りやく)するをいふべきなり。今生(こんじょう)に、いかにいとほし不便(ふびん)とおもふとも、存知(ぞんじ)のごとくたすけがたければ、この慈悲始終(しじゅう)なし。しかれば、念仏申すのみぞ、すゑとほりたる大慈大悲心にて候ふべきと云々(うんぬん)。（註釈版八三四頁）

現代語・意訳

慈悲という語には、聖道仏教と浄土仏教において別々の意味があります。聖道仏教（自力聖道門）の慈悲の心とは、人間界の聖者である者が迷いの人々をあわれみ、悲しみ、はぐくむことをいいます。しかしあくまで人間対人間であり末法の世ゆえに、思うように人々をさとりへ導くことはとても難しいことです。

浄土仏教（他力浄土門）の慈悲の心（大悲）とは、凡夫・衆生が凡夫のまま本願名号を信受し、念仏申す身とならせていただき、摂取不捨のよび声は往相とはたらき、すみやかなるさとりを浄土において完成します。凡夫は浄土で阿弥陀如来と同じ証を開きます。そのさとりの中心は二種の回向です。それは往相と還相であり、大慈大悲心をもって、浄土と人間界などを自由自在に思い通りに往ったり還ったり出来ます。ゆえに迷いの衆生をさとりへ導くことが可能となるのです。それは元々、阿弥陀如来の本願の内容の一つであります。

人間界の凡夫は、迷いの衆生をどんなにいとおしく不憫に思っても、思い通りにたすけることはできず、その慈悲は不完結です。

だからこそ、他力浄土門の凡夫は本願名号を信受し、念仏申す身とならせていただき、浄土ですみやかに仏となることこそが、本願の心、大慈大悲心なのだよ、と親鸞聖人は教示されました。

各文意

自力聖道門と他力浄土門

中国の道綽禅師（五六二〜六四五）は仏教を聖道門と浄土門に分けて説いた。これらは自力聖道門と他力浄土門とも表現するが、自力と他力の語は中国の曇鸞大師（四七六〜五四二）の説示であり、道綽禅師の聖浄二門判は曇鸞大師の影響を受けているといわれる。

聖浄二門を大略説明すると、

〈自力聖道門〉……人間の力、修行でこの世でさとりを開き、仏となる。

〈他力浄土門〉……阿弥陀如来の本願力によって凡夫が浄土へ生まれ、仏となる。

右のように道綽禅師は分けた。そして道綽禅師は『安楽集』に、自力の聖道門は難行の道であり、今は易行の他力浄土門でなければさとりへ到らないとし、その理由を二つ挙げている。即ち、

㈠大聖を去ること遙遠（ようおん）なるに由（よ）る。

（釈迦の仏滅後、千年以上すぎており、この六道の人門界で確かな修行や証（さとり）は不可能となっている）

㈡理は深く解（げ）は微（み）なるに由る。

（聖道の教義は深すぎて、ごく一部の行者しか理解出来ない）

とある。さらに『安楽集』巻上には、「当今は末法なり。この五濁悪世には、ただ浄土の一門ありて、通入すべき路なり」と道綽禅師は述べている。このことを親鸞聖人は『高僧和讃』の道綽讃に、

本師道綽禅師は
聖道万行さしおきて
唯有浄土一門を
通入すべきみちととく

と讃じておられる。さらに親鸞聖人は『教行信証』の化身土巻にこう記す。

おほよそ一代の教について、この界のうちにして入聖得果するを聖道門と名づく、難行道といへり。（中略）安養浄刹にして入聖証果するを浄土門と名づく、易行道といへり。

右のごとく親鸞聖人は、主著にも明確に釈迦一代の教について、この世でさとりを開く聖道門と、阿弥陀の西方浄土にてさとりを開く浄土門がある、それは難行道と易行道である、と述べている。

ちなみに中国仏教での道綽禅師の時代の聖浄二門の宗派と、法然・親鸞両聖人の時代の日本仏教の宗派は同一ではない。法然聖人は『選択本願念仏集』の中で、聖道門の宗派例を挙げ、真言、仏心、天台、華厳、三論、法相、地論、摂論の八家（八宗）としている。ただし『摂大乗論』については、「傍（かたわら）に往生浄土を説く論書の一つ」としている。

要するに法然聖人や親鸞聖人の時代における聖道の諸教（諸宗）は、法然浄土宗（他力念仏）以外の仏教諸派ということになる。そして後に栄える真宗や時宗は浄土門に入るということである。

慈悲と才市の口あい

古代インド語のサンスクリットでの発音とその意は、

○慈…マイトリー……友情。他を心配する心。

○悲…カルナー………同情や共感。悲のうめき。

右のごとくである。インド上座部文献『スッタニパータ』（経集）一四九に釈迦の言葉として、「母が己が独り子を身命を賭しても護るように、そのように一切の生きとし生けるものどもに対しても、無量の（悲しみの）こころを起こすべし」と母親の子への愛情にたとえて慈しみの心の発動を説き、また修行者に「無量なる慈しみの心を起こして、日夜つねに怠らずあれ」と説いた。ゆえに慈悲は仏教徒の重要な実践の基本精神とされた。『スッタニパータ』の註釈文献には、慈とは「（同朋に）利益と安楽とをもたらそうと望むこと」、悲とは「（同朋から）不利益と苦とを除去しようと欲すること」と簡潔に規定している。これは後の大乗仏教の思想にも受け継がれ、大乗菩薩の利他行（菩薩行）が慈悲の思想と重ねられた。また大乗経典には、仏・菩薩の衆生に対する崇高な心情を吐露して仏の大慈大悲、菩薩の慈悲行が強調される。そして龍樹の『大智度論』二〇には、「慈とは衆生を愛念するに名づけ、常に安穏と楽事を求めて以てこれを饒益す。悲とは衆生を愍念するに名づく、五道中の種々の身苦と心苦を受く」とあり、同二七に、「大慈とは一切の衆生に楽を与え、大悲とは一切の衆生のために苦を抜く。大慈は喜楽の因縁を衆生に与え、大悲は離苦の因縁を衆生に与う」と説いて慈悲を抜苦与楽（ばっくよらく）と定義した。これは日本仏教にも大きな影響を与えた。

尚、【口絵写真②】右頁にあるとおり、この『大智度論』を才市同行は、

○く（苦）をぬいてくださる　じひ（慈悲）がなむあみだぶつ

く（苦）をぬかずともくださる　じひ（慈悲）がなむあみだぶつ

と口あいにしている。【口絵写真】解説を参照。

さて初期仏教のアビダルマ修道説の一つである五停心観では、瞋恚（いかりの心）を対治するための慈悲観法として、四無量心が説かれた。アビダルマ論書には仏の慈悲、すなわち大慈悲と凡夫の慈悲の相異が論じられていて興味深い。その一つ『大毘婆沙論』八三には、四無量心の悲と大悲の相異を、悲は瞋の不善根を対治するのに対し、大悲は痴の不善根を対治する。悲は声聞と独覚と仏の身中にあって成就するのに対し、大悲は唯だ仏の身にあって成就する。悲はただ悲しみて救うこと能わざるに対し、大悲はよく悲しみ、またよく救うなどと両者を比較している。

右はつまり、仏の大慈悲と凡夫の慈悲をくらべて、仏の大慈悲の方がとても優れていることを明確に述べている。これは正に『歎異抄』第四条の内容と似たところがあるので、第四条の思想の源流の一つとも考えられよう。

慈悲と愛

現代において、愛の宗教という言葉はよく耳にする。愛と慈悲は同じものだ、とする人もいれば、愛を純粋化したものが慈悲とする論述もある。愛は〇〇を救う、とか、慈善という言葉があるので、その意は様々である。英語の宗教書の場合や、仏教書におけるサンスクリットの訳し方でも色々と訳せるので、決定的な正論はないといえる。

日本仏教は主に漢訳教典がベースなので、漢字の場合の慈悲や愛の意味を、不確実な点も含みながら論じてみる。前述の、愛と慈悲は同じ、という考え方は、仏教徒の私からすれば明らかに間違いである。釈迦の立場からすると、「愛は執着であり、煩悩である。ゆえに憂い、悲しみ、悩みの根元である」とする。人生に様々な愛は必要であるし、生きる力にもなるであろう。しかし、愛が深ければ深いほどそれを失った時の悲しさは大きなものである。自分に向いていた愛が他の方向に向かった時の絶望感や怒りは、想像を超えるものになる。愛と憎しみは表裏一体ともいわれる。

一つのたとえであるが、多くの子どもたちが一度に海に落ちた際、近くにいた親は、まず自分の子どもをたすけるだろう。ここだけ見ると親子の愛の世界は輝いている。しかし他の子どもが溺れて遠くからそれを見ている親からすれば、地獄的である。「私の子どもから救ってほしい」と叫ぶはずである。つまり愛はすばらしく、同時に愛は悲しい。その真の姿を教えてくれるのが慈悲である。慈悲は仏様の心なので、表裏一体などではなく、自分中心でもない。

仏教で説く慈悲は、いつくしみ、悲しみの心から出発しているので、執着や煩悩とは違いむしろ逆の立場であろう。人間はその身の中に愛をたくさん持っている、時間の経過によって、さめてしまうこともあるだろう。慈悲の最大の特徴は、それを人間が持っていないことであり、作り出すことが出来ない点である。仏教には諸説あるが、親鸞聖人の立場はそうである。人間は大慈大悲どころか、小慈小悲もなき身だと聖人は語る。仏教は元来、愛の宗教ではない。仏教は慈悲の宗教であり、智慧の宗教である。親鸞聖人は、智慧のはたらきが慈悲である、と語った。

余談ではあるが、昔ダライ・ラマ十四世（チベット仏教）が来日した際に、「智慧は慈悲になって、はたらかなければ意味がない」と発言され、私は驚いた。親鸞聖人と同じ表現だからである。大乗仏教のいつくしみの心、利他の心は、ブータン国に代表される。世界一幸せな国ブータンは、他の人の幸せが自分の幸せである。その幸せは人間だけではない、他の命も平等である。ある村はコウノトリの安全を第一に考え、電柱を立てず電気を通さなかった。仏教では、すべての命が平等である。ゆえに命に両手を合わせつつ生かされて生きなければならない。

思えば、世の中に愛の宗教は多い。そうした愛の宗教にかぎって動物の命を平等としない。人間ファーストである。第三条に述べた、悲しき善人のように、我々は亀や魚の声が聞こえない、聞こうともしない。我々はブータン国に習うべきと考える。ブータン国では、ダライ・ラマ十四世が言うように、智慧は慈悲となってはたらいているようである。

さて、慈悲に関してさらに述べれば、龍樹菩薩の『大智度論』によれば、三種の慈悲、つまり三縁の慈悲を弁別する。即ち、

衆生縁……凡夫が起こす、衆生を縁とする慈悲。

法縁……小乗仏教の聖者が、無我や空などの仏法をさとり、その法を縁とする慈悲。

無縁……仏様が、そのさとりの境地で起こす慈悲。すべてが対象なので無縁の慈悲。垣根が無い大慈。

である。また、この三縁のことを、

㈠衆生縁……小慈小悲

㈡法縁………中慈中悲

㈢無縁………大慈大悲

と、このように表現することもある。自力聖道門は右の大慈大悲の実現のため、人間自らの修行で努力するのである。親鸞聖人は若き比叡山時代に二十年間もそれを求めてきた。しかし気が付くのは、わが身の凡夫の姿だけで、人一人救えないことであった。

親鸞聖人は「悲歎述懐」の和讃に、

小慈小悲もなき身にて

有情利益はおもふまじ
如来の願船いまさずは
苦海をいかでかわたるべき

と讃じておられる。人間界は六道の中の迷界である。ここですみやかにさとりを開ける方は、お釈迦様だけであろう。いわゆる最終解脱者ともいわれている。如来の願船とは、本願名号の信受、つまり〝お念仏〟である。このように最高最上の慈悲は仏様のみ持っておられる大慈大悲であり、如来の願船である。凡夫が持っているのは、様々な愛情、愛欲だけで、小慈小悲もないのであろう。

金子みすゞのうた

梯(かけはし)實圓和上は、『歎異抄』（聖典セミナー、本願寺出版社）の中、第四条の聖浄二門の慈悲に関する論述、「人間の愛の限界」の項において、

自己中心的な妄念にふりまわされ、愛と憎しみの煩悩に翻弄されながら生きるしかない凡夫の身にとって、慈悲の心の尊さを知らされれば知らされるほど、そしてせめても苦しむ人のお役に立とうと努めれば努めるほど、愚かな力なきわが身を慚(は)じるしかありません。そこに、「今生に、いかにいとほし不便とおもふとも、存知のごとく

たすけがたければ、この慈悲始終なし」という深い慚愧と、断念が生まれてくるのです。

と述べられている。つまり、大慈大悲は凡夫に人間の愛の限界を教えてくれていると同時に、ありのままの凡夫の姿を照らしている。無縁の慈悲は、有縁無縁を超越し、愛をも超越し、人間がもっとも気付かなければならぬことを教えつづけているのである。

さてここで「人間の愛の限界」の語に関連して、優しくうたう金子みすゞのうたを紹介したい。

さびしいとき

私がさびしいときに、
よその人は知らないの。

私がさびしいときに、
お友だちは笑うの。

私がさびしいときに、

お母さんはやさしいの。

私がさびしいときに、

仏さまはさびしいの。

このうたは、愛情の限界とそれを気付かせる慈悲の心をよく表現している。つまり愛と慈悲の違い、という高度の仏教理解を作者がしていることは驚くべきことである。うたの最後を「仏さま」の心でまとめてあり、『歎異抄』第四条などを知る人でなければ、このうたの本当のメッセージは理解出来ないかもしれない。

まず、このうたには、四回「さびしい」の語が出てくるが、何がさびしいのであろうか。想像するに、命のゆくえや、全生命のあり方についてとも考えられる。親鸞聖人では衆生という言葉が晩年になるにつれて、有情という語の方が多くなってくる。有情はあらゆる生命ということである。弥陀の本願には「衆生」の語が出てくるが、聖人はあえて有情にこだわったのであろう。金子みすゞの視点は、あくまで〝有情〟である。右のうたを深く解してみるとこのようになろう。

〈さびしさに対して〉

○よその人……世の非情的側面

○お友だち……友情的側面？
○お母さん……親の愛情（有限）
○仏さま………愛情などの限界を気付かせる慈悲（無限）

右のように分けてみた。この「よその人」とは自分の知らない人々、世間であろう。そしてお友だちとは、みすゞに対して単に笑ったのか、もしくは、さびしさの理由をほほえみながら聞いてきたのであろう。そしてお母さんは親らしく、やさしく、みすゞに声をかけて、よりそってくれる。この三者でうたが終わったとしたら、それは仏教のうたではない。

人間界は生老病死の世界であり、母も子に永遠によりそうことは出来ない。みすゞの父は早く亡くなっているごとく、世は無常である。このみすゞのうたの主題は「さびしい」という言葉、気持ちである。この「さびしい」の言葉に対して、「さびしい」と、同じ言葉でよりそってくれるのは〝仏さま〟だけ、とみすゞは見抜いている。これは同悲、同治の世界である。よりそう姿は、母親の方がストレートで体温を感じることであろう。しかし、広く生命全体を見わたす〝有情〟への視点を持つ金子みすゞの心は、いわゆるカルナーとマイトリーの心そのものである。愛と慈悲はまったく別の心であるとみすゞは静かなメッセージを送っている。

仏様は、みすゞのところまでやさしい言葉やはげましの言葉をかけに来るのではない。それは、このうたを理解しているとはいえないであろう。仏様は、みすゞのさびしさに対して、さびしさ、苦しさを共有し共に泣くために来てくださるのである。同じ心になって、同じ涙を流してくださるのが如来の大悲である。正(まさ)に来てくださり、悲しんでくださる姿である。考えてみれば、還相の回向も、一切の衆生を救うために還る意もあるが、一切の衆生の苦しみを共有するために還るのが大乗菩薩の尊い姿の一つであろう。ゆえに還相の菩薩と称すといえる。

こうした点をよくよく案じてみると、『歎異抄』第四条を短い〝うた〟にすると、このみすゞの「さびしいとき」に近いものになると思える。『歎異抄』の心は、金子みすゞの心や、うたの中に間違いなく生きているといえよう。

第五条

原　文

一　親鸞は父母の孝養のためとて、一返にても念仏申したること、いまだ候はず。そのゆゑは、一切の有情はみなもつて世々生々の父母・兄弟なり。いづれもいづれも、この順次生に仏に成りてたすけ候ふべきなり。わがちからにてはげむ善にも候はばこそ、念仏を回向して父母をもたすけ候はめ。ただ自力をすてて、いそぎ浄土のさとりをひらきなば、六道四生のあひだ、いづれの業苦にしづめりとも、神通方便をもつて、まづ有縁を度すべきなりと云々。（註釈版八三四～八三五頁）

現代語・意訳

私、親鸞は亡き父母への追善(ついぜん)・孝養(きょうよう)（供養）の目的で、念仏を回向したことは、今まで一度もありません。

その理由は、すべての命ある者は、何度も生死をくり返し縁を深めたので、互いに父母・兄弟であったりします。すべての命は縁ある命です。ゆえにどの命も私が次の生で仏に成ったら、救うべき命なのです。

凡夫が自力の善根として成立する念仏ならば、父母へ回向（届ける）することが出来ます。そして亡き父母を自在に救うことが可能です。しかし、それは無理なことです。ゆえに自力回向（届ける）の心をすてて、他力回向（届く）の念仏をよび声と信受し、すみやかに仏になるのです。それは、亡き父母、亡き人々が、六道（地獄など）、四生（胎生など）の迷界にあっても、あらゆる悪業・苦悩の果報に沈んでいても、神通力（救済力、仏力）を善巧方便でふりむけて、父母にこだわらず、世々生々の中、仏縁のある人から救うべきであります。

各文意

父母の孝養

亡き父母の追善供養の意である。中国仏教成立の『父母恩重経』が存在するごとく、中国では一世紀から三世紀にかけての後漢の時代に、中国に元々存在した老子、荘子の道家の思想と融合し、先祖・父母を重んじる仏教となる。日本仏教へも影響を与えて、先祖の法事、墓まいりなどの習慣となった。そして、供養という言葉は、元々「敬う」とか「尊敬する」の意であったが、いつのまにか亡き人への追善回向の意となってしまった。宇治の平等院鳳凰堂の天井の『雲中供養菩薩』は、本尊阿弥陀如来の頭上を敬い、尊敬し飛んでいるのであり、ここは本来の供養の意を残している。

ここで日本仏教における初期の父母孝養文化の例を挙げることにする。

法隆寺金堂の釈迦三尊像は、六二三（推古三十一）年に、聖徳太子とその妃の病気平癒と延命、そして太子の死後、浄土への往生を発願して造られている。戊子（つちのえね）年六二八（推古三十六）年銘のある、法隆寺綱封蔵の釈迦三尊像の光背銘には、「嗽加（そが）大臣のために誓願して、釈迦仏像を敬造する。この願いによって、七世の父母や衆生がともに悟りを得られんことを」とある。蘇我馬子の三周忌に営まれた造仏である。七世の父母とは先祖代々のさとりを願うものであり、衆生という広い視野の思いが当時からあり、年回法要的な文化も早くから営まれていたのである。

さらに六五八（斉明四）年造とされる、観心寺（大阪・河内）に伝わった阿弥陀如来の光背銘には、「亡き治伊之沙古（じいしさこ）のために、その妻汗麻尾古（うまびこ）が弥陀仏像を敬って造る。この功徳によって願わくば、亡夫および七世父母、常に浄土に生まれ、一切衆生も同じく浄土に生まれ変わらんことを」と刻銘されている。妻が亡き夫のために追善供養して菩提を弔うと共に、「七世父母」および「一切衆生」の浄土への往生を祈願している。広い視野で先祖と一切衆生のために願文を作っているのは、正に大乗仏教の思想がよく表われているように思える。また、『歎異抄』第五条に通じる点もある。

さらに、七一五（和銅八）年、持統天皇の時、東宮の草壁皇子（くさかべのみこ）の冥福を願い、仲臣朝臣（なかとみあそん）大嶋（おおしま）が粟原寺（おうばらでら）の造営に着手したが、死去したため、比売朝臣額田（ひめあそんぬかだ）が造営を続けて、金堂と釈迦像を造り、また三重の宝塔を建立した。この宝塔の屋蓋上に置かれた伏鉢には「此の功徳を藉（か）りて、皇太子の神霊速やかに無上の菩提の果を証せんことを。願わくは七世の先霊共に彼岸に登らんことを。願わくは大嶋太夫、必ず仏果を得んことを」と刻銘されている。

右のように古くは造寺・造仏は特定の死者の追善供養のために営まれている。他方で、造営者自身の「功徳」あるいは「仏果」が願われている。そして七世父母や一切衆生の浄土への往生を願っているが、当時の日本仏教は浄土世界の観念が未成熟であったと考えられ、中国仏教や朝鮮仏教の造寺・造仏によく見られた願文を、そのまま踏襲した可能性も高いと思われる。ただこれらの銘文・願文により、日本仏教の先祖供養や父母孝養の源流の一つを知ることが出来るのである。よく知られる浄土経典の『観無量寿経』の中には、浄土の中品下生へ到る法として、「父母に孝養し、母の仁慈を行ぜん……」とある。ただこれは、亡き人、父母への追善ではなく、行者自身の生まれゆく先の教説であるので留意しなければならない。思えば、この中国仏教の香りがする『観無量寿経』も、平安浄土教の大発展にも影響を与え、源信・源空・親鸞と各高僧により、大河となって伝えられ今に到るのである。

道元・日蓮の立場

第五条の父母孝養、世々生々、一切衆生の源流が、中国仏教などから初期日本仏教に影響を与えていることは前述した。そこで有名な祖師方の著述から、関連した思想を見てみよう。

親鸞聖人自身は『教行信証』(化身土巻)にこう記す。

仏経にのたまはく、識体六趣に輪廻す、父母にあらざるなし。生死三界に変易す、たれか怨親を弁へんと。またのたまはく、無明慧願を覆ふ、生死のなかに来往す。往来して所作す、さらにたがひに父子たり。怨親しばしば知識たり、知識しばしば怨親たりと。ここをもつて沙門、俗を捨てて真に趣く。庶類を天属に均しうす。栄を遺てて道に即く。含気(がんき)を己親に等しとす。

右のごとく、心と体は六道に輪廻しており、父や母でなかったものはないとし、世々生々を説いている。また生死をくりかえして来た命なので、怨敵か味方かは定まったものではないとする。それらにより「含気を己親に等しとす」、つまり、一切衆生を自分の親と等しく思うの意を述べ、これは儒教や道教など、中国在来の思想に対する仏教の意義を聖人自身が示したものといわれる。思えば儒教や道教には六道輪廻の思想は元々無いといえる。

次に道元禅師の弟子・孤雲懐奘が著した『正法眼蔵随聞記』にはこう記す。

出家の作法は一人(ひと)に限らず、一切衆生を斉しく父母の恩の如く深しと思いて、なすところの善根を法界に廻らし、別して今生一世の父母に限らざらん時んば、無為の道に背かざるなり。

右は、一切衆生を斉しく父母の恩と思い、今生の自分の父母に限らない時こそ、さとりの道に背かないと述べている。この道元禅師の言葉と前の親鸞聖人の言葉は、同じく比叡山で学んだ『梵網経』の思想が生きている。その『梵網経』の文には、

一切の男子はこれわが父、一切の女人はこれわが母なり、われ生々にこれによりて生を受けずといふことなし、故に、六道の衆生みな、わが父母なり、

とある。さらに日蓮上人の消息『法蓮抄』には、

六道四生の一切衆生は皆、父母なり、

とあり、いずれの祖師方も、命は世々生々の中で多生の縁をくりかえし、他人はいない、という仏教の根本思想を自らの思想の中に持っている。もちろん父母への回向の思想、孝養の思想は様々であることは忘れてはいけない。

孝養のための念仏

この第五条で親鸞聖人は、父母孝養のための念仏を語っている。このことは、当時、父母の往生を願う人々が追善の念仏を修していたことを示している。もちろんこれは、現代の浄土系宗派でも行なわれていると思われる。また、真宗においても、盆の時期に多くの御門徒が墓に参り、その前で亡き人を思い念仏する姿は多い。そうした人々からすれば、

父母孝養のために一返の念仏をしたことが無い、という親鸞聖人の言葉は理解出来ず、冷たい言葉に感じることであろう。〈現代語・意訳〉を見ていただければ、多少理解していただけると思うが確かに厳しい言葉である。古代日本の寺院にある銘文・願文の内容の方が、わかり易いし、伝わり易いと思える。が、第五条は親鸞聖人と唯円房の大切なメッセージでもあり、そこからよくよく学ぶべき条である。

念仏を回向して

親鸞聖人の念仏は、他力回向の仏のよび声である。凡夫へ届く南無阿弥陀仏の声である。念仏は凡夫が仏になる手段というよりも、仏が凡夫を往生させる手段である。ゆえに、第五条の「念仏を回向して」父母を救うことは不可能に近い。他力念仏は凡夫に回向してくださる（届いてくださる）声である。

この凡夫に届く声とは、「私は声の仏となり、凡夫にすべてを届ける。今救う」との声であり、南無阿弥陀仏に込められた願いである。

たとえれば、山田二郎（仮名）さんが、念仏を称えたならば、その南無阿弥陀仏の内容は、「山田二郎を、この声で今救う」との仏の声である。念仏が回向してくださるので他力回向である。山田二郎さんに他者を救済する力はない。

一例であるが、道路で命絶えた小動物を見ることがある。心ある人々は、つい可哀想に思い、「仏様になっておくれよ」と念仏を称える。この姿は、凡夫が念仏を回向しているのである。凡夫の称える念仏の功徳の力で小動物の命の行く先を願っていることになる。もし山田二郎さんが、道路で小動物に念仏を称えても意味がない。その念仏の意味は、「山田二郎を、この声で今救う」の意であるからである。もし山田二郎さんが、本当に小動物をあわれんで命の行先を心配するならば、まず先に山田二郎さんが、仏となり、救済の力、神通方便をもって有縁を度すべきなのである。日常、私たちは道路で命絶えた可哀想な小動物を見ると、つい念仏がこぼれ出る。人間の情でもあるが、人によっては、平気で通りすぎる人もあろう。小動物への念仏は賛否両論あるものと考える。

第五条は、ただ自力回向の心をすてて、他力回向の念仏に気付くように勧めている。人間が人間のまま、仏様のように他の者を自在に救済出来ることはありえない。正直なところ、私も日頃、小動物の死など心痛む場面に遭遇すると、心迷いつつも小さな声で念仏することがある。そうした自分を愚者のままでも阿弥陀様は許してくださるだろうと自分勝手な思いでそうしている。他の人々も、それぞれではないだろうか。

『歎異抄』に学ぶ私たちは第五条の教示から外れるべきではないのであるが、実は『恵信尼文書』の中に、親鸞聖人の貴い失敗談が二つ記されている。一つは旅の途中での話である。ある村の悲しい現状を見て、済度のために浄土三部経を読んでしまった。そしてもう一つは聖人自身が高熱でうなされていた時、夢うつつで、『大無量寿経』を思いうかべて対処したと恵信尼公は正直に記す。親鸞聖人は、そのことを思い出し、「私にもまだ自力の心が、出てくるのか」と反省したという。『恵信尼文書』は、聖人の妻・恵信尼公が、娘の覚信尼をはげますために、聖人の思い出や失敗談もそのまま記している。『歎異抄』と同じく『恵信尼文書』は親鸞聖人の体温を感じる貴重な文書である。

つまり、親鸞聖人のような貴い他力念仏の人であっても、人生の場面によっては自力回向の心が出てしまうと恵信尼公は伝えている。しかし、その姿こそ阿弥陀如来のめあてであり、それゆえに、仏の方から「声の仏となって、すべてを届ける、必ず救う」と凡夫の身に響いてくださるのである。こうした親鸞聖人の貴い失敗談を知れば、この凡夫、私が自力の心をすてきれなくても大丈夫なのだと、気付かされよう。自力の心をすてたのにまた、自力の心が戻ってくる凡夫の姿こそ五劫思惟の目当てだということである。ゆえに念仏は凡夫にひたすら回向してくださるのである。他力回向の念仏である。しかし悲しいことに凡夫は、時に自力の心が出てくることもある。ただその姿を恵信尼公は許してくださるであろう。恵信尼公は「あの親鸞様でさえ、時には他を心配し、他に回向しようとされました」と。『歎異抄』は父なる書であり、『恵信尼文書』は、確かに母なる書といえよう。

六道・四生

〈六道〉

○地獄――あらゆる苦しみの世界
○餓鬼――むさぼり、自分中心の世界
○畜生――動物の世界
（以上、三悪道）
○修羅――争いばかりの世界
○人間――この世・人道・仏の教えには遇える
○天上――人間が作る天国。さとりの世界ではない

〈四生〉（六道など迷界への生まれ方）

○胎生――母胎から生まれる
○卵生――卵から生まれる
○湿生――湿気のある所から生まれる
○化生――突然と、その場で生まれる

第五条に出てくる、世々生々や、六趣（六道）・四生の語、そして神通や方便力などに近い言葉は源信僧都の『往生要集』に見られるので、その影響を受けていると思われるが、他の仏教文書類にも見られる、広く知られた言葉ではある。

神通方便

この語は、そのまま使われることもあるが、正しくは神通力と方便力に二分される。

○神通力――不可思議な力。救済の力。

親鸞聖人の『正信念仏偈』には「遊煩悩林現神通」とあり、浄土の仏は還相の菩薩（因位に下り）となり、人間界の中で、神通力をもって、人々を救うとしている。

○方便力――方便のはたらき。

方便とは巧みな方法を用いて衆生を導くこと。または、真実の法に導くための仮のてだてとしての教え、などの意がある。真宗では権仮方便と善巧方便がある。

権仮方便――真実の法に入らしめるために仮に設けた法門のこと。

善巧方便――仏、菩薩の智慧のはたらきそのもので、大悲の具現としての手段・方法のこと。

『高僧和讃』には「釈迦・弥陀は慈悲の父母　種々に善巧方便し　われらが無上の信心を　発起せしめたまひけり」とある。

右のごとくである。第五条の神通方便の語は、こうした深い意味は無いのかもしれないが、父母のために、自力をすて、他力念仏によって浄土で弥陀同証の仏となった姿は、もはや父母のためだけの救いを求めず、一切衆生のための仏である。ゆえに「有縁を度す」

とは、仏となり、還相回向のために還相の菩薩の立場で人間界にて救済する時には、仏縁ある人から救うということである。もはや、自分の身内だけ心配という視点はない。こうした一切衆生平等のまなざしこそ、「大悲の具現」つまり善巧方便ではなかろうか。慈悲の父母は、常に我々凡夫の方を心配しておられるのである。

第六条

原文

一　専修念仏のともがらの、わが弟子、ひとの弟子といふ相論の候ふらんこと、もつてのほかの子細なり。親鸞は弟子一人ももたず候ふ。そのゆゑは、わがはからひにて、ひとに念仏を申させ候はばこそ、弟子にても候はめ。弥陀の御もよほしにあづかつて念仏申し候ふひとを、わが弟子と申すこと、きはめたる荒涼のことなり。つくべき縁あればともなひ、はなるべき縁あればはなるることのあるをも、師をそむきて、ひとにつれて念仏すれば、往生すべからざるものなりなんどいふこと、不可説なり。如来よりたまはりたる信心を、わがものがほに、とりかへさんと申すにや。かへすがへすもあるべからざることなり。自然のことわりにあひかなはば、仏恩をもしり、また師

の恩をもしるべきなりと云々。（註釈版八三五頁）

現代語・意訳

専ら、他力念仏の一行を修する法然浄土宗の流れを汲む門流の人々の中に、「わが弟子・人の弟子」と争論する者がいます。それは、もってのほかです。私、親鸞は自分の弟子と考える者は一人もいません。その理由は、自分の力で他の人を「念仏申す人」にするのであれば、自分の弟子と呼んでいいでしょう。

しかし他力念仏は、阿弥陀如来の願い・はたらき・よび声です。仏のはからいを信受して念仏申す身となった人を、自分の育てた弟子と主張するのは、あきれ果てたことです。人の世は縁さえあれば、身近な人になり、離れるべき縁次第で、離れることもあります。それなのに師僧に背き離れ、他の人に従い念仏した者は往生不可能という話は、大間違いです。阿弥陀如来からたまわった信心、届いた念仏を、人間の師が自ら取り返そうとするのは、まったくありえないことなのです。凡夫のありのままの姿を、ただそのまま救いたいという仏の恩徳を知れば、同じく師僧の恩徳を感じずにはおれないことでしょう、と。

各文意

専修念仏

この語は、元は法然浄土宗の言葉である。『浄土宗略抄』には「正行を行ずるものをば専修の行者といい、雑行を行ずるをば雑修の行者と申すなり」とある。つまり専修は五種正行を修すること、雑行は、それ以外の諸行を修することをいうのである。『選択本願念仏集』には、往生浄土のためには雑修雑行を捨て、専修正行をもっぱらにすべきことが説かれる。同書に法然聖人は善導大師を「専修念仏の導師」と表現したことから、専修が称名念仏一行に専念することをも意味するようになった。法然聖人や親鸞聖人御流罪の念仏弾圧は、専修念仏に対する弾圧であり、比叡山や高野山の山の念仏、念仏聖(ひじり)の念仏を弾圧したのではない。他宗の自力修行を雑行とする教義に対する旧仏教からの弾圧であった。

親鸞聖人は『一念多念文意』の中で、「専修は、本願のみな(御名)をふたごころなくもつぱらに修するなり」と述べている。この「専修」の語は、初期真宗教団でも大切にされ、親鸞聖人のひ孫の覚如上人も大谷廟堂寺院化にあたり、最初は「専修寺」の寺号を掲げたが北嶺の反対にあい、寺号を「本願寺」に変えたことは、よく知られる。

さてこの第六条の「専修念仏のともがら」の輩とは、広く法然聖人門流のゆかりの人々（念仏集団）のことであろう。そして親鸞聖人ゆかりの念仏集団の中にも、関東の各地で師弟関係が生じ、第六条の内容のような争論、問題が発生したと思われる。親鸞聖人はその問題点を顕らかにし、明確にあるべき姿を教示している。

親鸞聖人は『正像末和讃』の最後に、

是非しらず邪正もわかぬ
　このみなり
小慈小悲もなけれども
名利に人師をこのむなり

とあり、凡夫の身でありながら、人の師と呼ばれたい、弟子を多く持ちたいという愚かな人の心を和讃に込めている。「人を導きたい」という心は尊いものであるが、人は様々で「生き仏」や「教祖様」のようなふるまいをする者も出て来るのは、現代も同じである。

弟子一人ももたず候ふ

右はとても有名な言葉であり、多くの親鸞関連出版物には、必ず論述されている。この第六条の言葉通りに、本当に弟子は一人もいなかったのであろうか。とらえ方にもよるが、徳の高い親鸞聖人を慕う人々は多かった。いわゆる門弟の面々である。唯円房もその一人であるが、唯円房は親鸞聖人を「先師」と呼んでいる。第二条で述べた通り、仏教では「師資相承」の法流・法脈の師弟関係はとても大切である。しかし、それを悪用したり、道を外れた指導者がいつの時代も存在するのは確かである。

親鸞聖人の門徒・門弟群の系統の流れを門流ともいうが、その一資料に『門侶交名帳（もんりょきょうみょうちょう）』があり、その一端が知れる。即ち、

○常陸　入西　乗念　順信　慶西　実念
　　　安養　入信　念信　乗信　唯信
　　　慈善　善明　唯円　善念　頼重
　　　法善　明法　証信　教念　証善
○下総　性信　信楽　常念　西念　西願
　　　善性
○下野　真仏　顕智　慶信　信願　尼法仏
○武蔵　西念
○陸奥　如信　無為子　是信　本願　唯信
　　　唯仏　覚円

○越後　覚善
○遠江　専信
○京都　尊蓮　宗綱　尋有　兼有　蓮位
　　　賢阿　善善　浄信

右のごとくであるが、この『門侶交名帳』は諸本あり、諸説もある資料ではある。それぞれ各地の有力門弟の拠点（門流）には、

○高田門徒――真仏・顕智の門流
○横曾根門徒――性信の門流
○布川門徒――教念の門流
○鹿島門徒――順信の門流
○荒木門徒――源海の門流
○佐島門徒――常念の門流
○浅香門徒――覚円の門流
○伊達門徒――性意の門流

このような門流がある。各地門徒の指導者は主として親鸞聖人の有力な直弟子ともいうべき人物たちであり、そこに集う多くの門徒、門下、門弟の様々な立場の人々を合計する

と、二、三千人は存在したのでは、という論考もある。その二、三千人の中に、「自分の弟子、他の弟子」という争論が、秘かに発生していたのであろう。

さて、「親鸞は弟子一人ももたず候ふ」の話に戻るが、やはり親鸞聖人の門弟は多い。ただし、『門侶交名帳』の面々の名を見て気付くことであるが、師といえる親と鸞の字を付けた門弟が一人もいないことである。これはとても特徴的であり、法然門下の有力門弟の名である綽空（親鸞聖人）・信空・湛空・証空・行空の例とは対照的である。法然房源空つまり法然聖人の僧名は源空である。善信房親鸞つまり親鸞聖人の僧名は親と鸞である。『門侶交名帳』に善と信の字は散見されるが、用例の多い字であり、特徴的には思えない。ここで明らかに解るのは、親鸞聖人に門弟は多いが、師資相承は大切といえども、特に師の名を与えず、あくまで同朋教団としての実態を有していたということである。つまり、人師を好んではいなかった、ということである。

親鸞聖人に実は弟子（門弟）は多いといえる。しかし、ただの弟子ではなく、阿弥陀如来の真の仏弟子たちである。よって、人間の師が破門には出来ない、阿弥陀如来から見れば、摂取不捨である。聖人は悪い人物を破門にしたことはなく、善鸞事件でも、長男の慈信房（善鸞）を、破門ではなく義絶の形をとっている。長男を代表とさせ、異義の責任をとらせているように思える。親鸞聖人には、自分の弟子は確かに一人もいない。ただし阿弥陀如来から託された、仏弟子は何千人も存在したことは確かである。

御文章・口伝鈔・改邪鈔

『歎異抄』の言葉は後の各文献にその影響を与えている。たとえば「親鸞は弟子一人ももたず候ふ」の一文である。まず蓮如上人の『御文章』（一帖目の一）文明三年七月十五日の日付の前半部を記す。

　或人いはく、当流のこころは、門徒をばかならずわが弟子とこころえおくべく候ふやらん、如来・聖人（親鸞）の御弟子と申すべく候ふやらん、その分別を存知せず候ふ。また在々所々に小門徒をもちて候ふをも、このあひだは手次の坊主にはあひかくしおき候ふやうに心中をもちて候ふ。これもしかるべくもなきよし、人の申され候ふあひだ、おなじくこれも不審千万に候ふ。御ねんごろに承りたく候ふ。

　答へていはく、この不審もつとも肝要とこそ存じ候へ。かたのごとく耳にとどめおき候ふ分、申しのぶべし。きこしめされ候へ。

　故聖人の仰せには、「親鸞は弟子一人ももたず」とこそ仰せられ候ひつれ。「そのゆゑは、如来の教法を十方衆生に説ききかしむるときは、ただ如来の御代官を申しつるばかりなり。さらに親鸞めづらしき法をもひろめず、如来の教法をわれも信じ、ひとにもをしへきかしむるばかりなり。そのほかは、なにをしへて弟子といはんぞ」と仰せられつるなり。さればとも同行なるべきものなり。

右のごとく、蓮如上人は『御文章』にも『歎異抄』の一文、「親鸞は弟子一人ももたず」を記している。蓮如上人は自ら『歎異抄』を書写し、その教義に学び、その内容の一部の鋭さから、門外不出に近い扱いにしている。にもかかわらず、蓮如上人は『歎異抄』の一文を『御文章』に採用しているのは興味深いことである。蓮如上人の中には、明らかに『歎異抄』の法流が流れていることは確かである。

蓮如上人は本願寺第八代として知られるが、第三代覚如上人の『口伝鈔』と『改邪鈔』にも、「親鸞弟子一人も……」の語が出てくる。同じ覚如上人の著述であり、内容も似ているので、より詳しい『口伝鈔』の一文を記したい。即ち、

『口伝鈔』（六）

一　弟子・同行をあらそひ、本尊・聖教を奪ひとること、しかるべからざるよしの事。

常陸の国新堤（にいづつみ）の信楽坊、聖人　親鸞　の御前（ごぜん）にて、法文の義理ゆゑに、仰せをもちゐまうさざるによりて、突鼻（とつび）にあづかりて本国に下向（げこう）のきざみ、御弟子蓮位房申されていはく、「信楽房の、御門弟の儀をはなれて下国のうへは、あづけわたさるるところの本尊・聖教をめしかへさるべくや候ふらん」と。「なかんづくに、釈（しゃくの）親鸞と外題

のしたにあそばされたる聖教おほし、御門下をはなれたてまつるうへは、さだめて仰崇の儀なからんか」と云々。聖人の仰せにいはく、「本尊・聖教をとりかへすこと、はなはだしかるべからざることなり。そのゆゑは親鸞は弟子一人ももたず、なにごとををしへて弟子といふべきぞや。みな如来の御弟子なれば、みなともに同行なり。念仏往生の信心をうることは、釈迦・弥陀二尊の御方便として発起すとみえたれば、まつたく親鸞が授けたるにあらず（以下略）」と仰せありき。

と記す。『口伝鈔』の内容は、師弟間に何らかの問題が起きて、その弟子がそこを離れてしまったので、与えておいた本尊や聖教を取り返すべきとの意見が出た。その意見に対して、親鸞聖人は「自分は弟子一人ももっていない。それはみな、如来様の仏弟子ゆえに」と教示されたという内容である。そしてその前の『御文章』での内容は、各地に存在する道場主や坊主衆の中に、私的な隠し門徒・弟子をもち不審な行動をとる者がいるので、どうすべきかとの問いに対し、蓮如上人は、もちろん正しいことではないが、親鸞聖人の言葉「親鸞は弟子一人ももたず」を示し、弟子という立場は、みな、如来の弟子であり、教法を伝える指導者も本来は、如来の代官（代理の立場）として、自ら聞いた教えを人にも伝えていくべきと教示している。そしてみなみなとも同行（同朋同行）として立場は同じである、何をもって（自分だけの）弟子と称せるのか、といましめている。

つまり『御文章』と『口伝鈔』における「親鸞は弟子一人も」の言葉が出た場面は明らかに違うといえる。これは蓮如上人と覚如上人の立場の違いである。

蓮如上人は、自身の伝道の中に生かし、覚如上人は、伝承（口伝）として伝えている。両上人共に文章に引用する際、『歎異抄』に曰く、とは記していないのは興味深いところである。やはり、それは鋭い表現を含む唯円房の名著であり、むやみに題名は出せないが、蓮如上人の示す通り、「当流大事の聖教」であることは疑いのない事実ゆえであろう。

きわめたる荒涼

この荒涼という言葉は「あれすさぶ」という意味で、親鸞聖人の在世の頃から各所では坊主衆や道場主の立場の人物が、度をこした師弟関係を形づくっていたと想像される。もちろん唯円房のような優れた門弟は多かったことは確かである。

つくべき縁あれば

親鸞聖人の他力真宗の教えは、縁あれば、門下や門徒衆になればよいし、縁がなければ、そこを離れてもよい教えである。仏縁は様々な形でむすばれることが、釈迦の頃からの理想であろう。ただ世界中のカルト宗教や新宗教の中には強力な勧誘行為を主張する団体もあるようである。法を勧めるのは宗教者であるべきであるが、勧誘型宗教は信者を使って大人数で信者集めをする。信者もそれなりの教義を学んではいるが問題もあろう。百人を勧誘したことに成功した信者Aは、ある日、自分の宗教の誤りを知り脱退するとする（もちろん脱退出来ない宗教もある）。脱退した元信者Aは誤りに気付き心安らかになったかもしれない。しかし実際は元信者Aは心安らかではない。それは自分が熱心に勧誘した人々が信者として、百人まだ団体に所属しているからである。元信者Aのような人は実際に存在する。信者によっては、マインドコントロールを受けたままの人もあろう。

宗教は「つくべき縁あればともなひ、はなるべき縁あればはなるることのある」という第六条の親鸞聖人の言葉は、現代にも通じる言葉ではなかろうか。『歎異抄』には様々な「縁」という言葉が出てくる。それを今回、深く探究してみたい。

第七条

原文

一　念仏者は無碍の一道なり。そのいはれいかんとならば、信心の行者には、天神・地祇も敬伏し、魔界・外道の障碍することなし。罪悪も業報を感ずることあたはず、諸善もおよぶことなきゆゑなりと云々。（註釈版八三六頁）

現代語・意訳

念仏者（声の仏様・救済者）の無碍光は、一すじの道のごとく、凡夫の無明を照らします。その理由をのべれば、仏のよび声を信受させていただく凡夫に、天の神・地の神などの善神が敬い、魔界や外道の悪神なども、無碍光をさまたげることは出来ないゆえです。凡夫のつくりし罪・悪業も、三悪道行きの業のむくいを受けることはありません。善男善女の行じる諸善万行の善行も遠く及ばない、さわりなきはたらきが、無碍の光明なのです。

各文意

念仏者は

従来の多くの意訳では「念仏者」は凡夫のことであり、念仏申す凡夫は、何ものにもさまたげられない一すじの道を力強く進んで行く、との理解であった。また「念仏者」の者は、古くは〝は〟と読むので、念仏者（は）と読むのが正しいとの説もあり、諸説あった。私は右の従来の定説も尊重し、その内容でも、尊い文体ではあると思う。しかしこの写本の主たる蓮如上人の学識から見れば、大切な念仏の語に関する言葉の〝者〟の表記を誤ったとは思えず、上人自身が後に気が付けば訂正しているはずである。実際に次の第八条は「念仏は」から始まるごとく、者（は）の字でなく〝は〟で記述してあるので、第七条の者の字は蓮如上人の誤写ではないと思われる。

さて「念仏者」の語であるが、この語は『観無量寿経』や『選択本願念仏集』に出てくると共に、法然聖人の時代の権力者も念仏弾圧の際に念仏者と表現している。つまり広く使われた言葉である。通常、念仏者とは念仏をとなえている人間・凡夫のことである。念仏を凡夫が回向しなくてはならないからである。しかし、他力回向の念仏は、凡夫に回向してくださる声の仏様であるから、「念仏者」は救済者の意味もあるように思える。他力真宗は浄土への道ではない。逆の浄土からの道である。一道とはその道と思える。

それゆえに親鸞聖人の著述の中には、「念仏者」の語よりも、「念仏申す人々」の表現の方が圧倒的に多い。現代真宗の学僧の中にも後者の言葉しか使わない人もいる。仮説ではあるが、念仏者とは阿弥陀如来の意味もあるのではなかろうか。これは、田舎住職（著者）の寝言である。

無碍の一道

親鸞聖人は礼拝の対象であった敬信尊号に『帰命尽十方無碍光如来』を依用した。この無碍の碍（さわり）とは主として凡夫の煩悩のことであり、どんな厚い煩悩があっても問題なく智慧の光明は凡夫に届くというものである。親鸞聖人にとって無碍の一道とは無碍の光のことであり、浄土からの光である。つまり、浄土への道ではなく、浄土からの道という表現になる。すべてが届くという「他力回向」という四字熟語は、親鸞聖人独自のもので、法然浄土宗には存在しない。

親鸞聖人は『教行信証』の「総序」の部に、「無碍の光明は無明の闇を破する恵日なり」と記している。よって無碍の一道とは、凡夫が走る道ではない。無碍人（仏様）が凡夫に向って来てくださる道である。それが親鸞聖人の教えであろうと考える。

ただ『歎異抄』の写本は多く、各写本には小さな校異もあるので、意訳は注意すべき点は多いのは確かである。

天神・地祇

親鸞聖人は『現世利益和讃』の中にこう讃じておられる。即ち、

天神・地祇はことごとく
善鬼神となづけたり
これらの善神みなともに
念仏のひとをまもるなり

このように、天の神、地の神には仏法を守る善なる神がおられ、念仏申す人々を守ってくださると讃じておられる。同じく『現世利益和讃』には、

願力不思議の信心は

大菩提心なりければ
天地にみてる悪鬼神
みなことごとくおそるなり

とある。つまり、本願力回向（他力回向）のめぐまれし「信心」は仏心であり、仏の親心であり、大菩提心なるがゆえに天と地の悪神・鬼神は、みな恐れをなしてしまうのである。さらに『現世利益和讃』には、

南無阿弥陀仏をとなふれば
他化天（たけてん）の大魔王
釈迦牟尼仏のみまへにて
まもらんとこそちかひしか

としている。念仏申す人に対して他化天の大魔王も釈迦の御前にて、念仏申す人々を守ると誓った、としている。『現世利益和讃』は念仏の利益を讃じたものである。他力の念仏・他力の信心の行者には現生（この世）で受ける利益が十種あり、「冥衆護持（みょうしゅごじ）」（天竜夜叉など、人間の眼には見えないものが護持する利益）や「至徳具足（しとくぐそく）」（最高完全な徳が身に具わる利益）などがあるとしている。これは世間の人々が、念仏にはどんな現世の利益（メリット）があるのか、という疑問に答えたものと考えられ、『歎異抄』の第七条も同じ疑問、

質問に答えたごとくの内容である。当時は神仏習合の時代であるから、神社の中に寺があり、寺の中に神社があったりしている。現代では、安芸の宮島などがその形態を保っている。

そして忘れてはならないことは、第七条に出てくる天神・地祇や魔界・外道も外にいるばかりでなく、人間・凡夫衆生の中にも潜んでいるという点である。親鸞聖人の立場は、如来の大悲に照らされて、罪悪深重と知らされることは、慚愧（ざんぎ）であると共に歓喜であるという了解である。妙好人才市同行が、口あいにしたごとく、「ザンギはカンギ。カンギはザンギ」なのである。凡夫が凡夫と知らされることは至上の歓喜である。それは本当の凡夫の慚愧は、法蔵菩薩の五劫思惟の苦行の際に済んでいるからである。ゆえに仏恩報謝・御恩報謝の念仏・日ぐらしが大切なのである。

念仏と習俗

ここで第七条の内容にすこし関連した伝承を紹介しておきたい。

時は戦国時代、勢力を拡大し戦国大名となった毛利元就（もとなり）は、安芸、吉田の郡山城を築城することになった。ところが大工事ゆえ思うように工事が進まず、怪我人も多かった。人々は、「これは人柱が必要だ」と口にするようになる。人柱は小さな子供を生き埋め

(いけにえ)にし地の神などにささげることである。日本の古い橋や門、石垣などの下から、古い子供の骨が出てくることもあるという。大きな祭りで、子供に化粧し高い所に上げるのも、古い時代の人身御供のなごりともいわれている。白羽の矢という本来の意味は、朝にその矢がささった家から「いけにえ」を出さなければならない習わしであったという。いけにえの風習は、古代、中世の世界中に存在した風習であり、宗教や習俗が元になっていた。おそらく、戦国時代はもちろん、親鸞聖人の時代も確実に存在していたはずである。

話を戻すが、毛利元就は、「子供の命をほしがるような神仏がいるものか!」と述べ、石に「百万一心」と書き、人柱のかわりに土地に埋めて、無事工事を成功させた。この話は「作り話」かもしれないが、こうした伝承が残っていることが重要で、伝承文化として尊重すべきであろう。

実際に毛利元就が三子に遺した遺訓状にはこうした一文がある。即ち、「自分(元就)が子供の頃、居城に旅の僧が来て、毎日念仏を十遍となえる事を教えてくれた。それから自分は毎朝、念仏を十遍となえる様にしている。三人も習う様に」と、いうものである。

五百年以上前の話であるが、旅の僧はおそらく浄土宗の僧か念仏聖であろう。毛利元就は念仏申す人であった。その孫の輝元は、信長に囲まれた大坂の本願寺を何度も救援した。

そのお礼に顕如上人から六字の尊号を下附されている。人柱・人身御供などの悲しい風習・習俗は、凡夫の心の中の天神・地祇であり、魔界・外道である。善神といえども、まじない・うらない・加持・祈禱など、自力修験道に通じるものもある。しかしそうしたあらゆる異界のものも、念仏申す人々には、道をあけるという。それが現生における利益である。

思えば古代日本は、命を大切にしない暗黒の習俗がまかり通っていた。それを悲しんで迷いを迷いと教える仏の教えを、外国から日本へ導入したのが、聖徳太子である。日本の仏教僧の中でもっとも太子を尊敬した人物が親鸞聖人といわれている。

聖人の『正像末和讃』(聖徳奉讃)には、

和国の教主聖徳皇
　広大恩徳謝しがたし
　一心に帰命したてまつり
　奉讃不退ならしめよ
上宮皇子方便し
和国の有情をあはれみて
如来の悲願を弘宣せり

慶喜奉讃せしむべし

右の「和国の教主」とは、日本のお釈迦様という意である。日本に尊い仏の教えを導入してくださった恩と徳は、はかりしれないとしている。二首目も「方便」つまり、尊い救いの方法を使い、日本の有情（生きとし生ける者）をあわれみて、如来様の悲願（本願など）を弘めてくださった。よろこび、たてまつるべし、と述べ讃じている。聖徳太子の十七条憲法の第一条は「やわらぎをもって貴しとなす」の一文である。人と人との和を尊重している。親鸞聖人も自作の『和讃』のことを、「やわらぎほめ」と自ら訓じている。聖人は明らかに太子を、和国の教主と奉讃していると思える。

第八条

原　文

一　念仏は行者のために、非行・非善なり。わがはからひにて行ずるにあらざれば、非行といふ。わがはからひにてつくる善にもあらざれば、非善といふ。ひとへに他力にして、自力をはなれたるゆゑに、行者のためには、非行・非善なりと云々。（註釈版八三六頁）

現代語・意訳

念仏は声の仏様であり、よび声です。念仏申す凡夫の声でありながら、凡夫の善行ではありません。凡夫が往生浄土を目的として行じたり、善をつくるものではありません。仏様（阿弥陀如来）の方から凡夫往生を目的に、その全功徳を施したのが本願名号であり、凡夫への念仏です。念仏は、あくまで他力によるもので、凡夫の自力心をはなれたる内容を持っているので、念仏の行者、他力の行者と呼んでいる凡夫の行としては、非行・非善、つまり善行にあらず、ということです。

各文意

念仏は

第八条の主語の「念仏は」の念仏は〝他力念仏〟のことであり、他力とは、仏の力であり仏の願いの力である。人間、凡夫の力ではない。

人間、凡夫が功徳を積むために善行につとめるのではなく、仏様の方から、南無阿弥陀仏の名号の中に仏のすべての功徳、さとり、行も、善も込めて施し、声の姿で、凡夫の体に満ち満ちてくださる。その仏の姿、はからいから説明すれば、第一条の大切な言葉「念仏にまさるべき善なきゆゑに」と矛盾していない。逆に凡夫が念仏をはからうと非善となるわけである。

非行・非善の言葉は親鸞聖人の『教行信証』の「信巻」に、

> おほよそ大信海を案ずれば、貴賤緇素を簡ばず、男女老少をいはず、造罪の多少を問はず、修行の久近を論ぜず、行にあらず善にあらず、頓にあらず漸にあらず、定にあらず散にあらず、

とある。右の一文は主語が「信心」なので留意すべきであるが、行（念仏）と信（信心）は行信としてセットで凡夫を救済するので、この信巻の一文は、一例となろう。

さらに『親鸞聖人御消息』（四二）には、こう記される。

> 『宝号経』にのたまはく、「弥陀の本願は行にあらず、善にあらず、ただ仏名をたもつなり」。名号はこれ善なり、行なり。行といふは、善をするについていふことばなり。本願はもとより仏の御約束とこころえぬるには、善にあらず、行にあらざるなり。かるがゆゑに他力とは申すなり。

右は親鸞聖人の御消息でなく、『末灯鈔』第二十二通に収録されていた法語ともいわれている。右の主語は「本願は」とあり、『歎異抄』の「念仏は」と差異がある。この文の中で、親鸞聖人は「名号はこれ善なり、行なり。行といふは、善をするについていふことばなり」としている。名号とは、阿弥陀如来のよび声であり、全徳施名ゆえであろう。ただし『宝号経』は『宝号王経』とも呼ばれ、実は正体のわからない『経』であるので、す

こし注意が必要である。

念仏は善か

法然浄土宗においては、「念仏多善根」という言葉がある。これは南無阿弥陀仏と称える称名念仏は、その他の行をして積む善根功徳よりはるかに多い、という意味である。法然聖人の『選択本願念仏集』（一三）において、「念仏を以て多善根とし、雑善を以て少善根とするの文」という章があるごとくである。

つまり、浄土宗主流の教義では「念仏は行者のために、最善の行である」ことは確かである。江戸期の浄土宗の僧の説教では、「念仏は浄土への手形なり」と説かれ、現代においても、浄土宗の法話集の中には、「念仏は浄土へのキップである」と説くものもある。浄土宗では、ひたすら多くの念仏を修することが、来迎往生や上品上生のさとりへの最善の行であることは確かである。親鸞聖人が、若い頃、法然聖人から教示された教えは、これに近い教えであったと思われる。

さて『歎異抄』の第八条の一文は、明らかに法然聖人の教えを深め、一足ふみ出した親鸞聖人独自の他力真宗の教えとなっている。現代浄土宗の僧俗の方々が、『歎異抄』の内容そのものを聖教として正式に扱わないのは、右の理由からであろう。

思えば、浄土真宗の他力回向の念仏による救いからすれば、「浄土へのキップ」は必要ない教えである。この世でさとりが決定する、現生正定聚であるゆえである。親鸞聖人における念仏の教義は深く高度である。ゆえに異義・曲解も多く、『歎異抄』という決して解釈し易いとはいえない書物も成立した。

ある意味、法然浄土宗の教義の方が説きやすく、伝わり易い、易行の法かもしれない。「浄土へのキップ」と説けば子どもでもよくわかる。

その点で妙好人の存在は、他力真宗の教えを実に味わい易くしている。越前の妙好人として知られる前川五郎松同行の法のうたに、

念仏は口でとなえりゃ
呪文になるぞ
心でとなえりゃ　神だのみ
出てくださるを　拝むだけ

とある。右の法のうたは、他力回向の念仏の世界を実によく表現している。世間一般の人々は、念仏を呪文のごとく理解し、心では何かをたのみ、願い、となえるものと思い込んでいる。念仏は、凡夫がたのみ、願いを成就する目的ではない。阿弥陀如来という仏様の方から、たのみとしてくれよ、と仏の願い（本願）を成就してくださったのである。お

念仏は、「今、おまえを救う」という仏の声が、すでに凡夫の中まで、いたり届いている姿なのである。キップもパスポートも必要はない。

それに関連して、ある伝承がある。江戸時代、安芸の慧雲和上（一七三〇～一七八二）という学徳兼備の和上がおられた。自坊本堂で御門徒の年回法要の際、読経が終わり、御門徒の方に向かい、今度は法話という形となった。ところが何分たっても、慧雲和上の声が聞こえてこないのである。さらに待ったが門徒たちも不審に思い、その一人が慧雲和上の近くまで見に行くと、慧雲和上は、涙を流しながら、小さな声で、ナモアミダブツ、ナモアミダブツと念仏をしておられたのである。その姿を見た御門徒衆は、「これ以上の法縁はない、ありがたい」と共に念仏申されたということである。すべてが届いている。命の往く先、すべてが解決しているというのが他力回向のお念仏である。この慧雲和上のお念仏こそが、五郎松同行の言う「出てくださるを　おがむだけ」の世界であろう。自力をはなれた世界である。

他力回向、弥陀回向、本願力回向、こうした言葉は、親鸞聖人の特徴的表現である。親鸞聖人の他力真宗の教えは、凡夫が救済者へ念仏を回向するのではない。救済者（阿弥陀如来）の方から念仏となり、よび声となって凡夫に届くのである。念仏は声の仏様であるから、お念仏様である。よって念仏者とは救済者と理解してもよいのではなかろうか。

第九条

原　文

一　念仏申し候へども、踊躍歓喜のこころおろそかに候ふこと、またいそぎ浄土へまゐりたきこころの候はぬは、いかにと候ふべきことにて候ふやらんと、申しいれて候ひしかば、親鸞もこの不審ありつるに、唯円房おなじこころにてありけり。よくよく案じみれば、天にをどり地にをどるほどによろこぶべきことをよろこばぬにて、いよいよ往生は一定とおもひたまふなり。よろこぶべきこころをおさへてよろこばざるは、煩悩の所為なり。しかるに仏かねてしろしめして、煩悩具足の凡夫と仰せられたることなれば、他力の悲願はかくのごとし、われらがためなりけりとしられて、いよいよたのもしくおぼゆるなり。また浄土へいそぎまゐりたきこころのなくて、いささか所労のこともあれば、死なんずるやらんとこころぼそくおぼゆることも、煩悩の所為なり。久遠劫よりいままで流転せる苦悩の旧里はすてがたく、いまだ生れざる安養浄土はこひしからず候ふこと、まことによくよく煩悩の興盛に候ふにこそ。なごりをしくおもへども、娑婆の縁尽きて、ちからなくしてをはるときに、かの土へはまゐるべきなり。いそぎまゐりたきこころなきものを、ことにあはれみたまふなり。これにつけてこそ、いよいよ大悲大願はたのもしく、往生は決定と存じ候へ。踊躍歓喜のこころもあり、いそぎ浄土へもまゐりたく候はんには、煩悩のなきやらんと、あやしく候ひなましと云々。（註釈版八三六～八三七頁）

現代語・意訳

私（唯円房）が、いくら念仏申しても、教典のように天と地に踊る実感が涌いて来ません。また、早く浄土へ生まれたいという思いも生じません。これはどうしてでしょうかと、師の親鸞聖人にお尋ね申しましたところ、

「実は親鸞も昔から同じ疑問があったんだよ、唯円房もそう思っていたのですか」「よくよく考えてみれば、天に踊り地に踊るくらい喜ぶべきことが、大歓喜として表われないか

らこそ、いよいよ往生浄土は決定した姿と思わなくてはいけません」「念仏により、時には小さな喜びは生じるものです。ですが、大歓喜すべき念仏申す人々の心を、押さえ込んでしまう原因は〝煩悩〟のしわざです。八万四千の煩悩は念仏申したからといって減るものではありません。そうした凡夫・衆生の本性を、はじめから見抜き、知り抜いて凡夫・衆生こそ目当てとしてくださっています。だからこそ他力回向の大悲の誓願は、このような私のためのよび声であったと、実にたのもしく思うべきなのです」

「また、早く浄土へ往きたいという心が起きることもなく、特に体調が悪くなれば、死ぬかもしれない、と心細くなるのも煩悩のしわざです。はるかはるか昔から生死流転をくりかえして来た六道という古里は、なぜか捨て難く、実際に見たことのない、実感のない、安らかと聞く浄土は、本当は恋しくないのです。まだここで生きていたいのです。その原因も、燃え盛る煩悩によるものです。この世はいくら名残りおしく思っても、じたばたしても、この世（人間界）に生まれた〝縁〟が尽き、力尽きた時に、〝彼の土〟には参るべきなのです」

「往きたくない、死にたくないという凡夫の本性を知り抜き、あわれんでくださった仏が阿弥陀如来なのです。このようなことをゆっくり思いめぐらせると、いよいよ大慈心・大悲心のこめられた本願念仏（よび声）は、凡夫にとってたのもしく、ありがたく、往生浄土は決定していると思うことです。さらに申せば、もし凡夫・衆生が天と地に踊るごとくの大歓喜を常とし、早く浄土へ往くべきと常に思っていたならば、その人物は、煩悩がない人（仏様？）といぶかしく思うべきでしょう」

と、親鸞聖人は教示してくださいました。

各文意

踊躍歓喜

「踊躍歓喜」の語に関しては、『大無量寿経』の中で釈迦がこの経の法義を要約して、後継者である弥勒菩薩に委嘱される付属流通分にこう記される。

仏、弥勒に語りたまはく、「それかの仏の名号を聞くことを得て、歓喜踊躍して乃至一念せんことあらん。まさに知るべし、この人は大利を得とす。すなはちこれ無上の功徳を具足するなりと。このゆゑに弥勒、たとひ大火ありて三千大千世界に充満すとも、かならずまさにこれを過ぎて、この経法を聞きて歓喜信楽し、受持読誦して説のごとく修行すべし。

右は、本願名号を信受する事は即ち、歓喜踊躍、つまり天に地に踊る心となり、わずか一声の念仏をするものであるとしている。これは「聞其名号・信心歓喜」という本願の一文にもあり、真宗の要である。さらに最高の利益、最高の功徳を身に受けたならば、大世界が火の中でも、くぐりぬけて経法を聞信せよ、修行せよと釈迦は弥勒菩薩に教示している。

この弥勒付属の歓喜踊躍の語を親鸞聖人は『一念多念文意』に解説している。即ち、「歓喜」はうべきことをえてんずと、さきだちてかねてよろこぶこころなり。「踊」は天にをどるといふ、「躍」は地にをどるといふ。

と記している。つまり第九条の唯円房の疑問、不審は当然といえば当然のことであり、正直に師の親鸞聖人に質問したのであろう。ここは〈現代語・意訳〉を参照されたいが、師の聖人は「よろこべぬ、この身をよろこぶべき」と、唯円房に教示している。門弟に対し、ここで「念仏の数が足らないからだとか、信心が足らないからだ」とは師は決して言わない。逆に師は「私も同じ気持ちだった、同じ疑問があった」と正直に述べている点で、当時の二人の空気を感じることが出来るのである。

この二人は、確実に日頃から念仏をよろこび、信心よろこぶ他力の行者であったと考える。また門下に不幸があれば、涙しながら念仏を申すこともあったであろう。ただし、歓喜の姿、実感は、念仏申す人々の絶対の条件ではない。まして大歓喜の姿というべき踊躍歓喜の心が、必ず凡夫に出てくることはありえない。現代でも私は、そういう人を一人も見たことはない。

天に踊り

有名な空也上人（九〇三〜九七二）は市聖・阿弥陀聖と呼ばれ、法然聖人や親鸞聖人より前の時代、一般の人々・民衆に念仏を弘めていた。当時、念仏は支配者層の葬送や追善供養が主体であり、念仏は出家者が称えるものと考えられていた。ゆえに一般在家の人々は、念仏や読経をほれぼれと聞く立場であり、それも裕福な人々、階級の人に限られていたという。そこに空也上人が、市が休みの日の広場などで、鹿革の衣、鹿角の杖、首から金鼓を下げ、それを打ち叩きながら念仏するのである。一般民衆の人々は、共に念仏する歓びから踊るように念仏を称えつづけた。僧俗共々に念仏歓ぶ姿は、浄土教典に「諸有衆生」とある仏の心にかなうものであった。

空也堂極楽院蔵の『空也上人絵詞伝』の中に、極楽院歓喜踊躍念仏遊行の図というものがある。その図は寺院の中で多くの僧が立ち姿で歓喜の念仏をし、外には多くの一般民衆が、合掌したり、念仏したりしている様子が描かれている。そして時代は法然聖人や親鸞聖人より後になるが、時宗の一遍上人の踊り念仏を忘れてはならない。一遍上人は遊行聖として世に知られ、日本各地を遊行し念仏を弘めた。

一遍上人は一遍聖人とも書くが、若い頃は、証空の門下、聖達に師事していた。証空は法然聖人の高弟であり、浄土宗西山派の祖である。一遍上人は、教義に神仏習合を取り入れ、派手な踊り念仏を各地で行なった。「念仏する人は、すでに阿弥陀仏なのである」という考えから、長時間、踊躍歓喜の行事を修した。門弟は僧名に阿弥号を使い、空阿弥陀仏（空阿）のような僧名を用いたのが時宗僧の一つの特徴である。

特徴といえば、空也・一遍・親鸞・各聖人はみな、同じく明確な本尊観を口にしていない。それぞれ教義は違うが、〝本尊〟はこの形、と伝えていない。諸説あるところであるが、要するに口から出てくださる阿弥陀如来が存在するので、わざわざ明確な本尊観を持つ必要がなかったとするのは愚考であろうか。研究が進めば良いと思う。

天にも地にも歓べぬ凡夫

踊り念仏にもその時代の背景がある。現代でも盆おどり（歓喜会）もあり、人々は踊るのは好きである。しかし、それがさとりへの道であるかといえば疑問も残る。阿弥陀仏の救いは何の条件も取り引きもない。そのままでいい、ありのままでいい、それが親鸞聖人の他力真宗である。念仏は仏恩報謝であり、よろこんでも、よろこべなくてもいい。仏は

「よろこばないと救わない」とは絶対いわない。そこに「御恩うれしや南無阿弥陀仏」と表現した、「妙好人の中の妙好人」才市同行がおられる。才市同行は、よろこべぬ凡夫のありのままの姿を見事に口あい（詩）にしている。即ち、

○よろこびは　ごおんほうしゃの
　よろこびで
　なむあみだぶと　いうてよろこぶ
　さいち
　よろこびを　あてにしてはをらんかい
　いいやの　いいやの
　よろこびは　かぜのようなもので
　あてにはならぬ
　ふいてにげるよ　あとかたもなし
　よろこばれんのが　わしがしやわせ
　よろこばれるのは　かくれてにげる
　つまらん
　おやのこころと　さいちがこころ

いつもかわらぬ　機法一体なむあみだぶつ
これをさいちが　よろこぶところ
ごおんうれしや　なむあみだぶつ

この才市同行の口あいは、正に『歎異抄』第九条の心といえる。

霊山（よしやま）勝海（一九三一〜二〇二〇）和上（勧学）はその著『歎異抄』の中で才市の口あいの中の「よろこばれんのが　わしのしあわせ」といいまた「これをさいちが　よろこぶところ」という二種類の「よろこび」について、「文字は一緒でもその内容は異質であり、第九条の問題（深いメッセージ）が才市により、あますところなく詩われている」と論述している。霊山和上は早期に才市同行と『歎異抄』の関係について、気付かれていたことには敬服せずにはおれない。

さて、才市同行自身の思いは念仏申し、よろこべる時も確かにあるが、その凡夫の心のゆれうごきはあてにならず、ふいてとぶもの、と明言している。逆に才市同行は、「よろこばれないのが、私のしあわせ」と述べる。これは親鸞思想と同じである。そして、仏の心、つまり、仏心こそが信心であり、才市同行の心と一つになってくださり、信心よろこぶ心も、仏心のはからいであるとする。そのはからいに仏恩報謝し、なもあみだぶつの「よび声」もこぼれてくださるのである。

念仏は浄土を目的に申すのではない。私を目的に浄土から仏心が届き、私の口からこぼれ出てくださるのである。

『歎異抄』第九条の内容は真宗僧侶でも解説が難しい。その第九条の大切な心を才市同行は、自らの言葉で法悦として伝わり易く語ってくれているのである。正に希有（けう）の人である。

娑婆の縁尽きて

この後半の一文は日本語の文章において類を見ない名文といえよう。私もそうであるが、真宗僧の中には、「なごりをしくおもへども」の一文を、法話、講話の中に取り入れる人も少なくない。まず最初の「なごりをしくおもへども」の言葉であるが、親鸞聖人の体温がそのまま伝わるようである。日頃の聖人は「なごりおしい、ここにいたい、往きたくない」と正直に本音を述べ、「そう思えども、娑婆の縁が尽きたから、かの土（浄土）へは参らせてもらうべき」という。これは大切な言葉で、人はなぜ人と生まれ、なぜ人により寿命が違い、なぜ人の命は終わって行くのかを、さらりと答えている。

聖人は教示する。「人は縁があるからこの世（娑婆）に生まれ、人間に縁があるから人間に生まれるのだ」と述べる。人間に生まれる縁があっても、三日しか生きる縁がなければ三日の短い命となる。百年生きる縁をもらう人もいるが、その人も、人生の途中、戦争という縁にあえば、若くして戦地で命を落とすこともある。逆に生きて日本へ帰る縁をもらうこともある。しかしながら、すべての人間、すべての動物も、この世の縁が尽きた時、力なくして終わるのである。人は縁によって生まれ、縁に左右され、縁が尽きたら、体の力はすべて消えてゆく。何事も縁が大切なのだと、親鸞聖人は『歎異抄』に多くの縁の言葉を使っている。

力なくして終わるという。「終わる」ということでの言葉はあたたかい。二千五百年ほど前、釈迦は、「命は連続し流転し、永遠に終わらない。終わらないから苦しいのだ、迷いなのだ」と説いてくださった。ゆえに「終わる」という言葉はあたたかいのである。そして「終わる時に、彼の土へ参るべき」とある。命の連続が終わるからこそ、彼の土（浄土）へ往生出来るといえる。現代僧の中には、「浄土はここにあるのだ、遠くにはない」と断定する者もあるが、親鸞聖人は「彼の土」つまり遠い地とし、「参る」という言葉を使っている。親鸞聖人は日頃、浄土へ往くことを「参る」と表現していたのである。お浄土参りである。そして「参るべきなり」と、強く勧めてもいる。

往生思想にとって「往生」という言葉はとても重要な言葉である。往生は「往き生まれる」と書くので、往き場所があるべきである。少なくとも、この世で成仏は聖道門の仏教である。そもそも日本の彼岸行事も彼の岸への思いが中心である。『阿弥陀経』には浄土までの距離が、西方の十万億仏土と経説されているが、この数字は、人間の思考を超えているという意図で、人間に計算しなさいという意図ではないといわれる。十万億仏土というはかり知れない数字は、阿弥陀如来の大慈大悲の心の大きさであると味わう学僧もおられるが、私もそう味わいよろこびたい。このようなことへは踊りあがり、大歓喜すべきなのかもしれないが、凡夫ゆえ、そう出来ない。しかしその煩悩の深さゆえの阿弥陀如来の大慈大悲の心の大きさである。このことをよろこびたいものである。

さて、古来より現代に至るまで「踊り念仏」は存在する。唯円房の時代に行じていたのであろう。歓喜し踊り、念仏する行事は楽しそうである。乱世で人生苦の多い時代に時々盆おどりをしているごとしである。子供たちも喜んで見物に行ったであろう。浄土教の世界からすれば、異形(いぎょう)ではあるが異端ではない。むしろ民衆にわかり易いし、伝え易い。踊るのは僧であったり、僧俗であったりするわけであるが、彼らの気持ちは常に歓喜であったのだろうか。日常が苦しいからこそ、念仏行事の時こそ、歓喜に満ちた姿を見せていたのかもしれない。これは一つの法悦の姿なので裁くことは出来ないといえよう。

「どうして私は大歓喜出来ないのだろうか」と、若き親鸞聖人や唯円房は悩んだことであろう。八万四千の煩悩をかかえた凡夫は常に心がゆれ動く。そんな凡夫が、常に大歓喜し、早く浄土へと目指すのは、逆に不自然であり、大慈・大悲の心であわれんでくださった「凡夫ありのままの姿」とはいえない、と親鸞聖人は気付いてくださったのであろう。いわゆる歓喜地(かんぎじ)とは、この地ではない。さとりの境地のことである。

第十条

原　文

一　念仏には無義（むぎ）をもつて義（ぎ）とす。不可称不可説不可思議のゆゑにと仰せ候ひき。

（註釈版八三七頁）

現代語・意訳

本願念仏は他力回向にして、凡夫が称えているけれども、すべて外から（仏から）のはからいです。凡夫本人の意志ではありません。この事を、意義・意味・意志など無いので無義というべきです。その無義なる事実こそが本願念仏の誠の姿であり、解説不可能です。

さらに言えば、そのすばらしさは「たたえつくすことも、説きつくすことも、心で思いはかることも出来ない」のです。そのゆえに本願念仏は無義なのです」と、親鸞聖人はおっしゃいました。

各文意

念仏は如来のよび声

念仏はお念仏とも表現する。凡夫が作り出すものでないからである。ゆえに本願他力の念仏というべきである。この事からいえば、他力念仏という表現はあっても、自力念仏という言葉は、本願の世界から見れば心得違いである。同じく自力本願という言葉も成立しない。他力とは本願力のことで、本願力とは名号のことであり、名号とは他力回向のよび声である。お念仏そのものであり、他力念仏と自力念仏の二種類があるわけではない。親鸞聖人にとってお念仏はすべて届けられるよび声そのものといえる。つまり自力念仏とか自力本願という迷いの言葉は、まだ他力（本願力）に気付いていない人々の自力のすがたを表現したもので、念仏や本願はすべて本願力（他力）である。

親鸞聖人が二十九歳の時、「雑行をすてて本願に帰す」と表現した回心の世界は、聖人が、雑行自力の心と本願他力の心をくらべて、本願他力の心を選んだのではない。二者択一ではなく、生涯で初めて選択本願の念仏に出遇ったといえる。では、本願他力のはたらきに出遇っていない自力念仏・自力本願なる立場にいる人々に他力の大悲は届いていないのかといえば、如来の大悲は、それこそ心配し、あわれみ、届けられている。如来大悲の恩徳は身を粉にしても報ずべきものなのである。

よび声には二種ある。山の中で迷子になった子供が「たすけて」と言うのもよび声である。そして心配した親や大人が、「たすけに来たぞ」と言うのも、よび声である。後者は届く救いの声である。この世界が、雑行をすてて本願に帰した親鸞聖人の生涯最大の〝気付き〟なのである。

義なきを義とす

この言葉は、もともと法然聖人の言葉であったともいわれているが、諸説ある。実際に法然聖人の伝道スタイルはシンプルで、「ただ念仏すべし」といったごとくの布教法であった。門弟への直接口頭での教示に「義なきを義とす」の言葉があったのかもしれない。『親鸞聖人御消息』（一九）にはこう記されている。即ち、

また「弥陀の本願を信じ候ひぬるうへには、義なきを義とす」とこそ大師聖人（法

然）の仰せにて候へ。かやうに義の候ふらんかぎりは、他力にはあらず、自力なりときこえて候ふ。また他力と申すは、仏智不思議にて候ふなるときに、煩悩具足の凡夫の無上覚のさとりを得候ふなることをば、仏と仏のみ御はらかひなり、さらに行者のはからひにあらず候ふ。しかれば、義なきを義とすと候ふなり。義と申すことは、自力のひとのはからひを申すなり。他力には、しかれば、義なきを義とすと候ふなり。

右は親鸞聖人のお手紙である。写本とも考えられるので、はっきりと言えないが、文中において師の法然聖人は〝義〟を自力の心と考えている。よって「義なきを義とす」とは、凡夫自力の心の無き事が意義ある事なのだ、という意に取れる。そして文中、親鸞聖人は、他力とは仏智不思議のことであり、それは仏と仏との尊いはからいである、としている。このことから、「義なきを義とす」という言葉の意は、凡夫の自力心が無く、ただ仏様のはからいのみ存在することである。それが意義ある〝他力〟の本当の姿であると教示している。

この第十条は『歎異抄』の前半の最後の条文である。前半部は「師訓篇」とも呼ばれ、師としての親鸞聖人の教示である。『歎異抄』の最大のテーマは、異義の広まりと、師の正統な教義の明示である。唯円房は後半の「歎異篇」に入る前に、異義の義とは何なのか、正しき他力の〝義〟の要（かなめ）を、ごくシンプルに記したのであろう。

不可称不可説不可思議

親鸞聖人の著『唯信鈔文意』には、こう記されている。即ち、

この如来の尊号（本願名号）は、不可称不可説不可思議にましまして、一切衆生をして無上大般涅槃にいたらしめたまふ大慈大悲のちかひの御なり。この仏の御なは、よろづの如来の名号にすぐれたまへり。（カッコ内筆者）

右の文中にも不可称、不可説、不可思議とあり、如来の尊号（お名前・名号）は、人々を最上のさとりへ到らしめるので、その功徳のすばらしさは、「たたえつくすことも、説きつくすことも、心で思いはかることも出来ない」と表現している。さらに親鸞聖人の『正像末和讃』には、

五濁悪世の有情の
選択本願信ずれば
不可称不可説不可思議の
功徳は行者の身にみてり

とある。五濁でよごれた、この悪世の有情（すべての命）の中、衆生は他力の本願念仏を信受し、不可称不可説不可思議の功徳（本願名号に込められた、阿弥陀如来のさとり・お徳などすべての徳）が、よび声と共に凡夫の体全体に満ち満ちてくださる、との意である。功徳

大宝海とは、凡夫がその海へとび込むのではない、凡夫全体が海なのである。

さらに、才市同行の口あいに、

○ぼんぶがほとけになることは
　ほとけがぼんぶになって
　ぼんぶをほとけにすることを
　なむあみだぶつ

とある。右の口あいは、「功徳は行者の身にみてり」という名号功徳の説示を受けていないと、通常は理解出来ないであろう。妙好人の教義理解はかなり高度である。

中序

原文

そもそも、かの御在生のむかし、おなじくこころざしをして、あゆみを遼遠の洛陽にはげまし、信をひとつにして、心を当来の報土にかけしともがらは、同時に御意趣をうけたまはりしかども、そのひとびとにともなひて念仏申さるる老若、そのかずをしらずおはしますなかに、上人（親鸞）の仰せにあらざる異義どもを、近来はおほく仰せられあうて候ふよし、伝へうけたまはる。いはれなき条々の子細のこと。（註釈版八三七～八三八頁）

現代語・意訳

よくよく思い出せば、その昔、親鸞聖人が御在世の頃、同じく面授という目的をもった人々が、遠く関東から京都まで長旅をして来られました。他力信心に生きる人々はみな、気持ちを一つにして、生まれゆく浄土を心から願う法の仲間たちでした。彼らは親鸞聖人から尊い念仏や信心の教義を直接聞くことが出来たのです。そしてその後、親鸞聖人の教導を受けた人々から関東で導きを受け、念仏申す様になった縁者は、かなりの数になります。ところが、その縁者の中に聖人の教えと異なる異義を説く者が近ごろ多くなって来た、とのうわさを耳にします。とても残念なことです。私、唯円はこうした異義・曲解の一つ一つが聖人の教えと異なる点を、これから詳細に述べることにします。

第十一条

原文

一　一文不通のともがらの念仏申すにあうて、「なんぢは誓願不思議を信じて念仏申すか、また名号不思議を信ずるか」と、いひおどろかして、ふたつの不思議を子細をも分明にいひひらかずして、ひとのこころをまどはすこと。この条、かへすがへすもこころをとどめて、おもひわくべきことなり。

誓願の不思議によりて、やすくたもち、となへやすき名号を案じいだしたまひて、この名字をとなへんものをむかへとらんと御約束あることなれば、まづ弥陀の大悲大願の不思議にたすけられまゐらせて、生死を出づべしと信じて、念仏の申さるるも如来の御はからひなりとおもへば、すこしもみづからのはからひまじはらざるがゆゑに、本願に相応して、実報土に往生するなり。これは誓願の不思議をむねと信じたてまつれば、名号の不思議も具足して、誓願・名号の不思議ひとつにして、さらに異なることなきなり。つぎにみづからのはからひをさしはさみて、善悪のふたつにつきて、往生のたすけ・さはり、二様におもふは、誓願の不思議をばたのまずして、わがこころに往生の業をはげみて申すところの念仏をも自行になすなり。このひとは、名号の不思議をもまた信ぜざるなり。信ぜざれども、辺地懈慢・疑城胎宮にも往生して、果遂の願（第二十願）のゆゑに、つひに報土に生ずるは、名号不思議のちからなり。これすなはち、誓願不思議のゆゑなれば、ただひとつなるべし。（註釈版八三八～八三九頁）

現代語・意訳

まったく歎かわしいことです。困った人たちがいます。文章の意味がよくわからないけれども、素直な心で念仏申しておられる御同行に向かって、「おまえは、「誓願不思議」を信じて念仏しているのか？　それとも「名号不思議」を信じて念仏しているのか？」と、難義な質問で御同行を驚かせています。この者たちは両方の言葉の意味を詳しく説明もせず、余計に御同行を迷わせているようです。

こうした事案に対しては、よくよく考えて対処すべきです。

説明すれば、阿弥陀如来の救いのはたらき「誓願不思議」そのものが、凡夫の本性を見抜き、凡夫の立場でも、わかり易く、となえ易い本願名号を思案、思惟されたのです。その仏名（名号）をとなえる身となった凡夫（衆生）を摂取すると、阿弥陀如来は誓われました。それは阿弥陀如来の「大悲大願の不思議」といいます。それにより生死を離れる信を受け止めて、念仏申す姿も、阿弥陀如来からのはからいなのです。そう思うと他力の本願念仏は、凡夫（衆生）のはからい・思いではないので、本願海を願船に乗って、そのまま真実の浄土へ生まれて行くのです。

つまり、このことは「誓願不思議」そのもののはたらきを信受すれば、その身には必ず「名号不思議」のはたらきもそなえられていて、この二つは同じもので、決して別のものではないのです。仏心そのものです。

さて次に、凡夫（衆生）が自力心で判断し思考した上で、善悪を論ずるに、「善は往生のたすけ、悪は往生のさわり」と主張する者がいるようです。しかし、真実の浄土は人間界の善悪をまったく論じません。意味無きことです。仏心であり仏願である「誓願不思議」そのものの救済のはたらきを信受せず、おまかせする気持ちもなく、凡夫（衆生）が自力心で、往生や善悪を判断する自力の人の念仏は、当然、自力念仏となることでしょう。

その人は「誓願不思議」を信受しないので、「名号不思議」も信受していません。でも心配はいりません。自力の念仏は他力に気付いていないだけで、念仏は念仏です。そこにも如来の大悲はすべて届いています。

自力念仏の人でも、仏名をとなえた人ゆえに、辺地懈慢・疑城胎宮という仮の浄土へ往生します。そしてその後、果遂の願のはたらきにより、必ず真実の浄土へ往生出来るのです。

これは正に「誓願不思議」の救済の力であり、同時に「名号不思議」の救済の力であるゆえに、この二つは唯一つなのです。

各文意

誓願と名号

誓願は本願ともいう。阿弥陀如来（法蔵菩薩）の四十八の誓いであり願いである。その仏願はすべて成就した。浄土は建立されて、その主たる阿弥陀如来は、声の仏様となり、そのよび声を聞信する者は、すべて救うといわれる。誓願（本願）は名号（よび声）であるから「本願名号」とも称す。真宗は「本願名号のはたらきにより、信心をめぐまれ、凡夫が浄土でさとりを開く」（浄土真宗本願寺派「浄土真宗の教章」主意）宗教である。

つまり真宗は、〝声〟の宗教であり、声が届く（回向する）宗教なので、〝回向〟の宗教とも言われている。正しくは「名号摂化」（よび声でおたすけ）の救済論である。本来、法然浄土宗は、「仏体摂化」とも称し、阿弥陀如来（仏体）自身が、この世に来迎し、凡夫を浄土へ運んでくださるのである。これを来迎往生という。ゆえに法然浄土宗の主流は、日頃の念仏や臨終の善悪を問う宗教でもある。来迎がなければ、往生浄土は出来ない。

『歎異抄』全体をよくよく読むと、来迎往生や仏体摂化についてはまったく説かれず、親鸞聖人の他力真宗の教えが主である。仏の来迎も臨終の善悪も、念仏の数も説かず、『歎異抄』は、他力の念仏・他力の信心を、各条に細かく説いている。この書は、浄土宗からの小さな独立宣言ともいうべき内容も感じるのである。

名号を案じいだし

法蔵菩薩（阿弥陀如来）は五劫という永い永い間に、凡夫にかなう、易き〝行〟を思案完成してくださったのである。それが本願名号であり、よび声でもある。真宗は、み仏にいだかれて往生する仏体摂化（来迎往生）ではない。来迎往生は浄土宗などである。他力真宗は名号が今、私にはたらく名号摂化である。

むかえとらんと

この語は「迎え取らんと」と読め、仏の来迎往生（お迎え）の意にもとれるが、第十一条全文を見れば、「凡夫に名号をとなえさせ、（念仏申す人々を）すべて、仏のはからいで救う」としているので「名号摂化」と解すべきである。「来迎たのむことなし」というのが、あくまで親鸞聖人の立場である。

すべてを届けるという仏意について、『正像末和讃』にこう記す。即ち、

　如来の作願をたづぬれば
　　苦悩の有情をすてずして
　回向を首(しゅ)としたまひて
　　大悲心をば成就せり

とある。右文中の「回向を首」というのは、法蔵菩薩が、因位で五劫思惟の行を始めた最初から、回向（届けたい）の悲願を〝首〟としていたということである。〝首〟とは、「まず第一として」との意である。

御約束

阿弥陀如来の第十八願の事である。特に誓願とも本願とも表現する。その仏の心は「私

は声の仏となり、凡夫に聞かしめ、となえしめて、凡夫に全功徳を届けて、信心よろこぶ姿にする。必ず今、救済する」との意である。もっとわかり易くいえば「私の名を聞いてくれよ、となえてくれよ、信心よろこんでくれよ、救いはまかせよ」の意であり、それこそが、「南無阿弥陀仏」である。この仏願を「御約束(おんやくそく)」という言葉にしているが、この語は日頃、親鸞聖人がよく使っていた語なのかはわからないが、第十一条から第十八条までは、唯円房自身の論述が主であるから、留意が必要となってくるであろう。

辺地懈慢

辺地(へんじ)とは真実の浄土から離れた、かたほとりの地。懈慢(けまん)とは懈怠憍慢(けたいきょうまん)の心であり、他力念仏を疑い、気付かず、おごりたかぶりの心で、自力念仏や善行をたのむ心。辺地は化土のことで、化土とは衆生の機縁に応ずるために、仮に方便して化現した仮の浄土。仮土とも方便化土とも称す。雑行雑修自力の心、自力念仏の者は、まずこの化土へ生まれるという。

疑城胎宮

本願他力や他力念仏を疑う者が生まれるという、方便化土。せっかく浄土に生まれても、蓮の華のつぼみの中から出れず、外のさとりの世界を見ることが出来ない（母の胎内の子）ような、すがたをいう。

実は辺地とはいうが、方便化土は、真実報土（真の浄土）の中にある。報土とは阿弥陀如来の誓願に報われてできた仏国土という意で、その中に真実報土と方便化土の二つがあると説かれるのである。この報化二土の教えは源信和尚が説いておられた説で、親鸞聖人は、この説を大切された方である。

阿弥陀如来は、「迷いの凡夫も、すべて必ず救いたい」と誓われたゆえに、無量寿仏と称す大慈大悲の仏である。最高の仏国土に二土あるのは、すこしおかしい気もするが、これは、自力念仏や自力諸行の行者への戒めである。そして本願他力に背を向ける者にも大悲は届いている、という教導であろう。「仏意はかりがたし、聖意はかりがたし」と法然聖人は説示されたごとく、報化二土は、仏意であり聖意である。救う側の救済論であるから、凡夫がその是非を論じるべきではないと考える。ゆえに「智者のふるまいをせず、ただ念仏すべし」と法然聖人が仰せられたごとくである。

特に真宗は「おまかせの宗教」である。ただただ如来の願船に乗せていただき、地獄は一定であったはずのこの身を、おまかせするしかないのである。

果遂の願

第二十願のことで、化土に生まれた者も、第二十願のはたらきにより、遂に真実の浄土へ往生を果たすという意がある。そうなるのも誓願・名号（本願名号）のはたらきであると、唯円房は説示している。

もともと方便化土は、十九願と二十願の行者が生まれる所といわれる。これらは、

第十九願――諸行・自力念仏の者を救う。

第二十願――自力念仏の者を救う。

第十八願――他力念仏を凡夫に届ける。

であり、右の三願はすべて、願文の中に衆生よ、と呼びかけている。この三願は阿弥陀如来の「四十八願」の中にあり、一般的に四十八種の願は、それぞれ独立した願と論考されることも多い。しかし注意すべきは、親鸞聖人の「四十八願」のとらえ方は、二十願の中にも十八願の心が含まれ、十八願の中にも二十二願の心か含まれており、すべての願は、互いにつながっているという広大な解釈をしている。よって、その高弟・唯円房も、その心を受けており、『歎異抄』の精神も、そこから外れるものではない。ゆえに「誓願不思議」というのである。

不思議

本願寺八代蓮如上人の言葉が『蓮如上人御一代記聞書』（七七）にこう記されている。

一、法敬坊、蓮如上人へ申され候ふ。あそばされ候ふ御名号焼けまうし候ふが、六体の仏になりまうし候ふ。不思議なることと申され候へば、前々住上人（蓮如上人）そのとき仰せられ候ふ。それは不思議にてもなきなり。仏の仏に御成り候ふは不思議にてもなく候ふ。悪凡夫の弥陀をたのむ一念にて仏に成るこそ不思議よと仰せられ候ふなり。

右のごとくである。ある日のこと蓮如上人のお名号（六字尊号）が火事により焼けたとき、六体の仏の姿で外へ飛んだ。上人の高弟の法敬坊が「まことに不思議な事です」と申し上げると、蓮如上人は、「それは不思議なことではない、仏が仏に成られただけのことである、むしろ悪凡夫が阿弥陀仏をたよりとし、念仏申し仏と成る事こそが不思議である」と、教示されたのであった。

蓮如上人は不思議の語意をミラクルでもなく、凡夫側の感想でもなく、凡夫往生や凡夫成仏の姿と説示している。蓮如上人は『歎異抄』を大切に書写し、「大切の聖教」としているので、「誓願不思議」や「名号不思議」の語意を宗祖親鸞聖人の不思議理解に近いイメージを持ったようである。

蓮如上人が『歎異抄』の本質すべてを見抜いていたのは、宗祖親鸞聖人の数多くの著書や和讃を真剣に学んだからこその姿であったことは間違いない。

第十二条

原文

一　経釈をよみ学せざるともがら、往生不定のよしのこと。この条、すこぶる不足言の義といひつべし。

他力真実のむねをあかせるもろもろの正教は、本願を信じ念仏を申さば仏に成る。そのほか、なにの学問かは往生の要なるべきや。まことに、このことわりに迷へらんひとは、いかにもいかにも学問して、本願のむねをしるべきなり。経釈をよみ学すといへども、聖教の本意をこころえざる条、もつとも不便のことなり。一文不通にして、経釈の往く路もしらざらんひとの、となへやすからんための名号におはしますゆゑに、易行といふ。学問をむねとするは聖道門なり、難行となづく。あやまつて学問して名聞・利養のおもひに住するひと、順次の往生、いかがあらんずらんといふ証文も候ふべきや。当時、専修念仏のひとと聖道門のひと、法論をくはだてて、「わが宗こそすぐれたれ、ひとの宗はおとりなり」といふほどに、法敵も出できたり、謗法もおこる。これしかしながら、みづからわが法を破謗するにあらずや。たとひ諸門こぞりて、「念仏はかひなきひとのためなり、その宗あさし、いやし」といふとも、さらにあらそはずして、「われらがごとく下根の凡夫、一文不通のものの、信ずればたすかるよし、うけたまはりて信じ候へば、さらに上根のひとのためにはいやしくとも、われらがためには最上の法にてまします。たとひ自余の教法すぐれたりとも、みづからがためには器量およばざれば、つとめがたし。われもひとも、生死をはなれんことこそ、諸仏の御本意にておはしませば、御さまたげあるべからず」とて、にくい気せずは、たれのひとかありて、あだをなすべきや。かつは諍論のところにはもろもろの煩悩おこる、智者遠離すべきよしの証文候ふにこそ。故聖人（親鸞）の仰せには、「この法をば信ずる衆生もあり、そしる衆生もあるべしと、仏説きおかせたまひたることなれば、われはすでに信じたてまつる。またひとありてそしるにて、仏説まことなりけりとしられ候ふ。しかれば往生はいよいよ一定とおもひたまふなり。あやまつてそしるひとの候はざらんにこそ、いかに信ずるひとはあれども、そしるひとのなきやらんともおぼえ候ひぬべけれ。かく申せばとて、かならずひとにそしられんとにはあらず。仏の、かねて信謗ともにあるべきむねをしろしめして、ひとの疑をあらせじと、説きおかせたまふことを申すなり」とこそ候ひしか。今の世には、学文してひとのそしりをやめ、ひとへに論義問答むねとせんとかまへられ候ふにや。学問せば、いよいよ如来の御本意をしり、悲願の広大のむねをも存知して、いやしからん身にて往生はいかがなんどあやぶまんひとにも、本願には善悪・浄穢なき趣をも説ききかせられ候はばこそ、学生のかひにても候はめ。たまたまなにごころもなく、本願に相応して念仏するひとをも、学文してこそなんどいひおどさるること、法の魔障なり、仏の怨敵なり。みづから他力の信心かくるのみならず、あやまつて他を迷はさんとす。つつしんでおそるべし、先師（親鸞）の御こころにそむくことを。かねてあはれむべし、弥陀の本願にあらざることを。（註釈版八三九～八四二頁）

現代語・意訳

日頃から念仏申しているけれども、その人が、浄土教典や浄土祖師の注釈書をしっかり学問しなければ、浄土へ往生出来ない、という主張について。

このような主張は、まったく誤りであり、言うに足りないものです。

専修念仏や本願念仏を説く祖師の数々の論書には、「本願を信じ、念仏申せば、仏になれる」と説かれています。ですから他力の本願念仏を申す易行の身に、何の学問が往生のために必要なのでしょうか。あきれたことです。もし往生に必ず学問が必要との説に迷っている人は、いかようにでも、気が済むまで本願の心を学べばよいでしょう。このような人が教典や注釈書をしっかり学習したとしても、肝心の仏の聖意に気付かなければ、文字と知識を得ただけです。

阿弥陀様は、文字も知らず、浄土教典・注釈書の説く道理も知らない人のために、本願名号を与えてくださるのです。そして、それは口にとなえ易い行ゆえに易行の念仏というのです。すべて阿弥陀様のはからいです。

学問重視の仏門を聖道門といいます。凡夫にとって難行の仏門です。学問も軽んじてはいけませんが、自分の名誉や私利物欲の思いで学問する者は、次の世で往生（さとり）は不可能だろう、という証しの文書（法然聖人の法語など）もあるはずです。この頃は、専修念仏の人々と聖道門の人々が互いの立場で論争し、「自宗は勝れ、他宗は劣っている」などと反目し合っているようです。この愚かな行為により、広く世間に仏教批判の空気や仏説批判の空気が流れています。この反目を続けると、正しい自らの宗旨を謗り（そし）、滅ぼすことになるでしょう。

たとえ仏教諸宗がこぞって「念仏宗は無学の人のもので、その宗義は浅い、とるに足らない」と謗ったとしても、わざわざ争わずに、「私たちのような煩悩具足の身にして文字も読めない身でも、本願を信ずれば救われる、と常にお聞かせいただいております。そのことをただただ信じています。すぐれた聖道門の行者にとって、取るに足らない仏門であっても、われら凡夫には最上の仏門なのです。もし念仏の教え以外にも勝れたる仏門があったとしても凡夫の能力では難行ばかりです。それゆえの如来大悲の易行であり、凡夫への仏意です。

私たちも他宗の人々も、大切なのは、生死の迷いを離れることであり、それが目的であり、さとりです。それが多くの仏様の仏意（聖意）であるはずです。どうか私たちの念仏をさまたげないでください」と伝えて、気にさわる態度をとらなければ、誰も念仏をさまたげないことでしょう。さらに言えば、「宗派同志で言い争いをすれば、いかり、はらだちなどの煩悩も次々と生じてきます。智恵ある者は、その場から離れるべき」という、証しの文書（七箇条制誡など）もあるのですから。

今は亡き親鸞聖人は、「この本願念仏の教説を信じる人々もいれば、謗る人々もあろうと、すでに釈迦如来が説いています。この教説を私、親鸞は信じており、逆に謗る人々も現にいるので、釈迦如来の言葉は当たっています。だからこそ、凡夫往生は確定しているのです」

「もし仮に本願念仏の教えを謗る人々がいなければ、信じる人々だけになります。これは釈迦の説と違うことになってしまいます。

とは言っても、必ずしもこの念仏の教えを謗られるべき、とは申していません。釈迦如来は、本願念仏の教えを信じる人々・謗る人々の両方がいることを知っておられて、信の人々が、謗る人々の言葉にも、混乱しないように心配された仏意なのだ、と申し上げているのです」

と、（聖人は）仰せになったのでした。

ところが、このごろ学問ばかりして、謗る人々に対抗し、議論・問答を主体と身がまえてはいないでしょうか。

本当の学問とは、私への如来大悲の恩徳を知らされ、本願他力の広大さに気付かされるのです。愚かな凡夫の身で往生不可能と思う人々へも、如来大悲は何ら区別なく届いていると伝えられるならば、学問の人として意義あることです。なのに、仏のはからいにより、他力の本願念仏を、ひたすら申しておられる人々に対して、「学問こそが往生に必要だ」とおどかす者は、正法をさえぎる悪魔のようであり、仏の敵ともいうべきです。そういう人は、他力回向の信心が届いていないだけでなく、その迷いの姿のまま、他人をも迷わせているのです。

これらは、今は亡き親鸞聖人の御心に背くことです。残念で恐れ多いことなのです。また、阿弥陀如来の本願他力の仏心にもかなっていません。あわせて悲しむべきでしょう。

各文意

正教

この正教の語は、聖教よりも幅広い意味で使われる例が多いようである。逆に聖教は、自宗にとって特に大切な教義を説く仏書ということである。正教として説く「本願を信じ念仏申さば仏になる」の法語は広く浄土教各宗の教義に通じるもので、『往生要集』や、『選択本願念仏集』などが参考とされたと思われる。

ここで特に他力真宗の独自の教義を示せば、「本願名号のはたらきにより、信心をめぐまれ、念仏申す身とならせていただき、報謝の念仏、日ぐらしを大切にする。そしてこの世の縁が尽きた時、凡夫が浄土にて、すみやかに仏とならせていただく」のが、親鸞聖人のみ教えである。また他力真宗の重んじる聖教類の心でもある。よって注意が必要なのは、

『歎異抄』における正教の意味は、かなり広義な目的で使われている。例として「本願を信じ」とある表現は、他力真宗でいえば、「本願の名号を信受させていただく」世界である。また、他の例、「念仏申さば仏になる」の表現も、広義の浄土教では間違いではないが、他力真宗では「先に往生成仏が定まっているからこそ、凡夫の口から報謝の念仏がこぼれ出るのである。出すのでなく〝出る〟のである。

これを「信心正因・称名報恩」という。これを広義の浄土教でいえば、「称名正因」となり、「ひたすら念仏すれば仏になれる」教義となると考える。他力真宗にとって、念仏は、「届く声の仏様」であるから、「念仏申さんと思いたつ心のおこる時」には、凡夫の心に、すでに阿弥陀如来がいらっしゃるのである。ゆえに正教と聖教は区別すべきと私は考える。

学問をむねとする

往生浄土に学問は必ずしも必要ないことは、第十二条の〈現代語・意訳〉を参照されれば、十分理解していただけるだろう。

よく知られた言葉に「学仏大悲心（がくぶつだいひしん）」というものがある。これは善導大師の『観経疏』の「帰三宝偈」の文である。その一文は、

> われらことごとく、三乗等の賢聖の、仏の大悲心を学して、長時に退(たい)することなきものに帰命したてまつる。

というものであり、文中、「三乗等の賢聖」とは、声聞・縁覚・菩薩の三種の仏道を行く聖者である。「長時に退することなき」とは、長く長く、仏道から退(しりぞ)かざる姿の聖者のことであり、煩悩成就の凡夫の姿とは違う方々である。よって凡夫は仏の大悲心を学ぶことは不可能であり、ただかみしめることしか出来ない。

親鸞聖人の『正像末和讃』にはこう記す。

> 如来大悲の恩徳は
> 　身を粉にしても報ずべし
> 師主知識の恩徳も
> 　ほねをくだきても謝すべし

親鸞聖人は、如来大悲の恩と徳は身を粉にしても報謝すべきであり、釈迦・高僧・師僧の恩と徳も骨を砕きても報謝すべきなのだ、と記している。べしというのは命令の言葉で、自分自身に命令しているのである。しかし聖人自身は、如来の大悲心はあまりにも貴く、とてもとても、骨を粉にしても出来るものではありません、と讃じている。

これは歓喜のうたでもあり、善導大師の心に対する内容ともいわれている。凡夫は骨を粉にするのではなく、ただただ恩と徳をかみしめるだけで良いのである。

ここで、関連して、ある話を記しておきたい。

その昔、広島で育った方が、九州の真宗寺院に入寺された。九州の寺の御門徒が、その若き僧に「古里の御両親はご健在ですか?」と尋ねると、彼は「父も母も元気です。私は早く立派な住職になって恩返しがしたいです」と答えた。すると九州の御門徒は「両親の御恩に恩返しなど、とても出来ませんよ。ただかみしめるだけでいいのですよ」と答えたという。

若き僧は、まったくその通りと感銘を受けた。そして彼は気が付く。「如来大悲の恩と徳は、あまりも貴く、恩返し、報謝は形だけしか出来ない。人間世界でも同じゆえに、ただかみしめるのが最善の姿かもしれない」と。いわゆる称名報恩の世界である。仏の大悲心を学べる人は、学べば良いことであろう。ご法義を学問することは悪いことではない。お寺などで聴聞・聞法を重ねることも大切であるが、それは学習ではなく御恩報謝・仏恩報謝の姿としてお聞かせいただくのである。

妙好人才市同行の口あいにこうある。

○聞いてたすかるじゃない
　たすけてあるを

いただくばかり

世の人々は、聞いて（聞法・学習）たすかろうとする。また、称えて（称名念仏）たすかろうとする。しかし才市同行は、そういわない。ナモアミダブツは声の阿弥陀様であり、凡夫の体の中にすでに届いて響いてくださるお姿である。凡夫はすくいの中で聞法させていただくゆえに、その姿は仏恩報謝の姿なのである。「ご恩うれしや、ナモアミダブツ」（才市）はこのことである。

第十三条

原　文

一　弥陀の本願不思議におはしませばとて、悪をおそれざるは、また本願ぼこりとて、往生かなふべからずといふこと。この条、本願を疑ふ、善悪の宿業（しゆくごう）をこころえざるなり。

よきこころのおこるも、宿善（しゆくぜん）のもよほすゆゑなり。悪事のおもはれせらるるも、悪業のはからふゆゑなり。故聖人（親鸞）の仰せには、「卯毛（うもう）・羊毛（ようもう）のさきにゐるちりばかりもつくる罪の、宿業にあらずといふことなしとしるべし」と候ひき。

またあるとき、「唯円房はわがいふことをば信ずるか」と、仰せの候ひしあひだ、「さん候ふ」と、申し候ひしかば、「さらば、いはんことたがふまじきか」と、かさねて仰せの候ひしあひだ、つつしんで領状（りょうじょう）申して候ひしかば、「たとへばひと千人ころしてんや、しからば往生は一定すべし」と、仰せ候ひしとき、「仰せにては候へども、一人もこの身の器量にては、ころしつべしともおぼえず候ふ」と、申して候ひしかば、「さてはいかに親鸞がいふことをたがふまじきとはいふぞ」と。「これにてしるべし。なにごともこころにまかせたることならば、往生のために千人ころせといはんに、すなはちころすべし。しかれども、一人にてもかなひぬるべき業縁（ごうえん）なきによりて、害せざるなり。わがこころのよくてころさぬにはあらず。また害せじとおもふとも、百人・千人をころすこともあるべし」と、仰せの候ひしかば、われらがこころのよきをばよしとおもひ、悪しきことをば悪しとおもひて、願の不思議にてたすけたまふといふことをしらざることを、仰せの候ひしなり。そのかみ邪見（じゃけん）におちたるひとあつて、悪をつくりたるものをたすけんといふ願にてましませばとて、わざとこのみて悪をつくりて、往生の業とすべきよしをいひて、やうやうにあしざまなることのきこえ候ひしとき、御消息に、「薬あればとて、毒をこのむべからず」と、あそばされて候ふは、かの邪執をやめんがためなり。まつたく、悪は往生のさはりたるべしとにはあらず。持戒持律（じかいじりつ）にてのみ本願を信ずべくは、われらいかでか生死をはなるべきやと。かかるあさましき身も、本願にあひたてまつりてこそ、げにほこられ候へ。さればとて、身にそなへざらん悪業は、よもつくられ候はじものを。また、「海・河に網をひき、釣をして、世をわたるものも、野山にししをかり、鳥をとりて、いのちをつぐともがらも、商ひをし、田畠をつくりて過ぐるひとも、ただおなじことなり」と。「さるべき業縁のもよほさば、いかなるふるまひもすべし」とこそ、聖人（親鸞）は仰せ候ひしに、当時は後世者ぶりして、よからんものばかり念仏申すべきやうに、あるいは道場にはりぶみをして、なんなんのことしたらんものをば、道場へ入るべからずなんどといふこと、ひとへに賢善精進の相を外にしめして、内には虚仮をいだけるものか。願にほこりてつくらん罪も、宿業のもよほすゆゑなり。されば善きことも悪しきことも業報にさしまかせて、ひとへに本願をたのみまゐらすればこそ、他力にては候へ。『唯信抄』にも、「弥陀いかばかりのちからましますとしりてか、罪業の身なればすくはれがたしとおもふべき」と候ふぞかし。本願にほこるこころのあらんにつけてこそ、他力をたのむ信心も決定しぬべきことにて候へ。おほよそ悪業煩悩を断じ尽してのち、本願を信ぜんのみぞ、願にほこるおもひもなくてよかるべきに、煩悩を断じなば、すなはち仏に成り、仏のためには、五劫思惟の願、その詮なくやましまさん。本願ぼこりといましめらるるひとびとも、煩悩・不浄具足せられてこそ候うげなれ。それは願にほこらるるにあらずや。いかなる悪を本願ぼこりといふ、いかなる悪かほこらぬに

て候ふべきぞや。かへりて、こころをさなきことか。（註釈版八四二～八四五頁）

現代語・意訳

阿弥陀如来の尊い救いのはたらきである「本願不思議」が、凡夫・衆生に届いているからといって、悪事・悪行を何とも思っていない者たちがいます。この者たちは、本願にあまえ、本願を自慢する曲解者ゆえに「本願ぼこり（誇り）」であるので往生浄土は出来ない……という主張の是非について。

このような考え方、主張をする人々は、本願の心（大慈大悲）を疑い信受していないための行為です。そして人間の善い行為・悪い行為が、多くの場合において、宿世や過去の行為と関連している（直結しているのではない）という仏教思想の一つを心得ていないのです。つまり、本願を曲解したから、その場ですぐに往生不可（不定）と事が決まってしまうような単純なものではないといえます。

人知を超えた様々な要因により、善い心が起こるのも、過去の自らの行為が起因と考えられます。逆に悪い心が起こるのも、過去の自らの行為が起因している可能性があるのです。これは仏教の考え方の一つですが、人間側がその知恵で断定すべき世界ではありません。

今は亡き親鸞聖人は、こう仰せられていました。「うさぎの毛や、羊の毛の先の小さない、ちりほどの罪業を人間は毎日、そして今も作っているのです、それは遠い過去世の頃からの業（行為）であり、今日の朝の業であり、今、生きている人間は常に業にあらざるという存在ではないのです。ゆえに非業という言葉は人間にはないのです。それを悪業の凡夫というのです」と。

またあるとき親鸞聖人は「唯円房は、私の言う事を信じますか」と聞かれたので、私は「その通りです」と答えました。さらに聖人は「ならば私の言葉に従いますか」と仰せられたので、「つつしんで、従うつもりです」と答えたところ、聖人は、「ならば、まず人を千人ほど殺してくれないか、しかれば往生浄土は決定するだろう」と仰せられたのです。驚いた私は「聖人の仰せられた言葉ですが、非力な私には、千人はおろか、一人とても殺すことなど出来ません」とお答えしました。すると聖人は「ではどうして私（親鸞）の言葉に従うなどと、言ったのか」と、仰せられたのです。

そして聖人は「これでわかったであろう。今、心に決めたことに体がすぐに従うならば、往生浄土のために、千人の人を殺すこともあるのです」「また逆に、一人の人間も殺せないのは、これまでの業や、そこに縁がはたらかないゆえの結果・姿なのです」

「自分の心が善いから殺さずに済んだのではありません。心善き人であって人を害する心がなくても、業と縁のもよおしによっては百人・千人を害することもあるのです」と聖人は仰せられました。聖人はさらに「人間というものは、善い心ばかり生じれば、よい所へ往生出来て、悪い心ばかり生じる者は、悪い所へ堕ちる、などと単純に論じる人々は、『本願不思議』なる、凡夫へのはからい、はたらきを知らない人々なのです」と仰せられたのです。

その昔、本願を曲解した人がいて、「悪事をなす人間をたすけるのが弥陀の本願なのだから」と、わざわざ好んで悪事を行ない、「その悪事が往生浄土の業因となる」と主張していました。

その悪い噂が親鸞聖人の耳に入った時、聖人は、お手紙に「薬があるからといって、わざと毒を好むべきではない」と教示されたのは、曲解者に対する戒めの言葉でありました。念のために申しておくと、悪が決して往生のさまたげとなるわけではありません。「正しく戒律を守れる善良なる行者だけ本願を信受出来るならば、我ら凡夫は生死をはなれて、さとりへ到ることは出来ない」と聖人は仰せられたのです。このように愚かな凡夫と知らされるのは本願に照らされており、本願の目当だと、よろこぶことが、誇れることなのです。だからといって、悪凡夫を自覚しても、まったく縁のない悪業が悪行となる事はないでしょう。

「人はみな悪凡夫なのです。海や川で魚を採り、生活をする人、野や山で狩猟をして生活をする人、様々な商い人、田畑を耕す農民など、すべての人間は、みな同じです。本願に照らされた姿は、悪凡夫といえるのです」と聖人は仰せられました。さらに、聖人は、「どのような人でも、しかるべき自分の業に様々な悪縁がもよおせば、どのような行為をもしかねない私たち人間なのです」と仰せられました。

人はみな煩悩深き悪凡夫といえるのに、近年は、いかにも善良な念仏行者をよそおう者が出て来て、善人だけが念仏を申せるとして、時には念仏集会場の前にはり紙をして、「何々をした者は、集会場に入れてはいけない」などと記しているようです。こんな人物は、外面では善良な聖者をよそおっているが、内面は、いつわり・悪心をいだく者でありましょう。とはいえ、本願を曲解して自慢し誇る人物が作ってしまう罪も、自身のこれまでの業ともよおす縁によるものなのです。

つまり大切なことは、この世の〝善〟とされる因も〝悪〟とされる因も、業と縁がからみ合い結果となっている、これこそが仏教思想といえるのです。悪凡夫は、この因果の道理に身をゆだね、凡夫側は何もはからわず、本願にまかせきってしまえば、その姿が〝他力〟そのものなのです。この世の善悪は不定です。

善人ぶる必要もなく、悪人ぶる必要も、さらさらありません。そのままで念仏申すことが本願の心にかなう姿なのです。

『唯信鈔』という書の中にも、「阿弥陀如来の本願の力が、どれほど大きいか知っている誠の他力の行者は、(心の中で)自分は罪業深き身ゆえ救われないだろう、とは決して思わない」(主意)と記してあるのです。

思えば本願を自慢し誇る心は、多かれ少なかれ、凡夫にはみなあるのではないでしょうか。それゆえに本願他力にまかせよう、と信心決定する場合もありましょう。

阿弥陀如来という仏は、凡夫のすべてを見抜いて、仏となられた〝凡夫のための仏様〟なのです。その仏正意に気付いてくださったのが、善導大師であり法然聖人であり、親鸞聖人なのです。

よく考えてみれば、人間が悪業や煩悩をすべて消したのち、聖者となり(凡夫でなくなる)のちに本願を信受したならば、本願自慢をしたり、本願に身をゆだねる必要もないことでしょう。これは、煩悩をすべて消した者はすでに仏様ですから、仏様にとって五劫思惟の願(悪凡夫のための誓願・本願)は、その意義をなくしてしまうことです。

自分勝手に本願を理解し、自慢行動をとる人々を非難する者自身も、実は煩悩深き悪凡夫にかわりはありません。その非難者自身も勝手な自慢行動といえるかもしれません。すべての悪凡夫は本願の心に生かされています。よって、何が本願自慢で、何が本願自慢でないかという論義そのものが、実はとても幼稚な行動とも言えるのです。

各文意

業

広い意味で、行為や言動のこと。仏教以前の古代インドのバラモン教などで説かれ、一因一果のごとく明解な論理であった。バラモン的社会体制の思想的支柱であったとも考えられている。釈迦の仏教も業思想を取り入れるが、より深化し三世（現在・過去・未来）での業論となり複雑化している。当時、釈迦教団は他宗教から〝因縁を説く宗教〟として知られ、業と縁を説く深い教理であったと伝わる。この深い教理は、運命論という考えを全面否定するのに十分な教理であったことは確かである。縁によって結果は左右されるので、明日の台風のコースやプロ野球の勝敗などは、仏様でも予想出来ないといわれる。

そもそも釈迦は予言を否定している。それは世の一切の物は生滅をくりかえしており、当然太陽も燃え尽きる。無常の世を予言しても無意味とし、予言による未来へのとらわれ、不安、心の乱れなど、さとりのさまたげとなるゆえである。末法思想や未来仏の弥勒菩薩のことも、釈迦入滅後の思想である。弥勒菩薩を説く三つの経、いわゆる弥勒三部経も二世紀頃の成立といわれ、大乗仏教の菩薩思想である。この頃の大乗思想により、ジャータカ物語や、仏伝中のうらない師・予言師の物語が成立したと考えられる。思えば、中国で成立したといわれる『観無量寿経』の中の王舎城の悲劇は、元々うらない師の予言により起きた悲劇であるのは興味深い。

私たち凡夫に阿弥陀如来の行と信（本願名号）がいたり届くのは宿縁により、〝たまま〟なのである。そう親鸞聖人は教示してくださった。ちなみに聖人は夢告（夢の告げ）は、大切にされた方である。これは聖徳太子信仰に関係していると思われる。

宿業

この言葉は、親鸞聖人の多くの著述にも見られず、日本仏教の中でも見あたらない言葉である。日頃の親鸞聖人の言葉の中に存在した可能性は十分にあるが、唯円房独自のもので、宿世の悪業を略したものかもしれない。前序に出てくる〝真信〟も真実信心のことであると考えられるが、親鸞聖人はあまり、大切な文章で、大切な言葉は略さないイメージがある。唯円房がよほどの側近であったから、こうした略語を使ったとも想像出来よう。

縁

すこし前述したが、運命論を説かないのが仏教独自の教理である。世の中のすべてに無関係のものは無く、他人と思う人々や、動物も、永く命をくり返して来た命ゆえに、どこかで父母兄弟であったはずであるとする。多生の縁とは、知らない人とすれ違っても、その人とは、どこかで、はるか昔、兄弟であったかもしれないという、縁の不可思議（思議出来ない）をいうのである。

縁の不可思議とは、東京のど真中で、知人と会うことも縁であり、同じ建物にいても、わずか数秒、数メートルの差で知人に遇えない現実のことである。

『歎異抄』の業論

『歎異抄』の前半は、親鸞聖人の思いが中心となっているが、後半は唯円房の思いが中心である。よって後半の業論も唯円房の理解している業論が中心ゆえに、すこし注意が必要かもしれない。第十三条を含む『歎異抄』の意訳や解説をする者は、業論というとても深い教理を理解していないと、正しく訳せない事を、今回、身をもって知らされた。今回は私の理解度の範囲で、現代語・意訳させていただいたことを、ここに記しておきたい。

ころしてんや

右の言葉の「てんや」は当時の古語の「てむや」と同じものである。訳すと「ころしてくれないか」と親鸞聖人は真面目に言っているのである。

アングリマーラ

「人を千人ころしたら往生出来る」というのは、古い仏典物語を元に親鸞聖人が唯円房に教示したものである。その仏典物語とは『央掘摩羅経（おうくつまらきょう）』等に示される因縁物語であり、主人公は「アングリマーラ」という青年である。この因縁物語は『阿含教典』『涅槃経』『法華玄義』にも見られ、その成立は古い物である。

コーサラ国のアングリマーラ（央掘摩羅（おうくつまら））はバラモン階級の真面目な青年であった。彼は学問を究めようと、バラモン指導者に弟子入りしたが、その師の妻が、好青年のアングリマーラに言い寄ると、真面目な彼は強く拒絶した。怒った師の妻は、あること、ないことを夫の師に告げると、バラモン指導者は激怒し、青年に命じる。それはとても残酷な命令で「立派なバラモンになるためには百人（千人ともいわれる）の人を殺害し、その一人一人から指一本を切り取り、ひもに通して首飾りにするのだ。そうすれば修行は完成する」というものであった。真面目なアングリマーラは、それを実行し、あと一人のところまで来た。

九十九人を殺したアングリマーラは、最後の一人を母親とし、剣をふり上げた。その時、釈迦が現れる。急にアングリマーラは体が動かなくなり、思いあまった彼は、釈迦に対して「おい、立ち止まれ」と叫んだ。すると釈迦は「私はすでに静かに立ち止まっている。立ち止まれずに常にもがき苦しんでいるのは、あなたの方です。私はあなたの目をさましに来たのだ」と教説した。その教説にアングリマーラは目をさまし、その非に気付くのであった。

彼は仏弟子となり、各地で石を投げられながら修行し、ついにさとりを開くのである。その後、アングリマーラ（殺人鬼）を捕まえるために軍隊を率いたパセーナディ王が、祇園精舎の近くまで来たが、光々しいさとりの姿のアングリマーラを発見したパセーナディ王は、その崇高な姿に合掌し、その場を去ったという。アングリマーラの物語はジャイナ教典にも出てくるほど有名な物語であり、遠く日本でも、五条大橋の弁慶と牛若丸の物語となったり、『歎異抄』の内容にも残るものとなった。

釈迦在世時代のインドでは、多くの外道的宗教があり、あやしい教祖や、あやしい修行も多く、縁次第で、真面目な青年が道を外すこともあった事であろう。アングリマーラの物語には、古代インドにおける、そうした背景があったことは確かである。

日本の現代人は、これは古い仏教物語だと鼻で笑うことであろうが、よく似たことが、国内でも起きてはいないだろうか。とても優秀な、真面目すぎるくらいの青年が、その高度な知恵だけで判断し、あやしい教祖系カルト宗教のあやしい教義にロックオンされ、感情さえも外からコントロールされ、ロボットのような行動を取る。「指鬘外道」のアングリマーラは、現代にも少なからずいるはずである。高度な知恵が、高度な判断ばかり出来るわけではない。むしろ危い面もある。

アングリマーラの物語は、史実かどうかより大切な事を現代人に教えてくれている。それは、人間が完成を目指すのではなく、遠く宿縁により、完成されたお姿・み教えに出遇うことが、何より大切なことといえるであろう。法然聖人の言われた「その知恵をすてよ、愚者になれ」との言葉は、今に生きているのである。

第十四条

原文

一　一念に八十億劫の重罪を滅すと信ずべしといふこと。この条は、十悪・五逆の罪人、日ごろ念仏を申さずして、命終のとき、はじめて善知識のをしへにて、一念申せば八十億劫の罪を滅し、十念申せば十八十億劫の重罪を滅して往生すといへり。これは十悪・五逆の軽重をしらせんがために、一念・十念といへるか、滅罪の利益なり。いまだわれらが信ずるところにおよばず。そのゆゑは、弥陀の光明に照らされまゐらするゆゑに、一念発起するとき金剛の信心をたまはりぬれば、すでに定聚の位にをさめしめたまひて、命終すれば、もろもろの煩悩悪障を転じて、無生忍をさとらしめたまふなり。この悲願ましまさずは、かかるあさましき罪人、いかでか生死を解脱すべきとおもひて、一生のあひだ申すところの念仏は、みなことごとく如来大悲の恩を報じ、徳を謝すとおもふべきなり。念仏申さんごとに、罪をほろぼさんと信ぜんは、すでにわれと罪を消して、往生せんとはげむにてこそ候ふなれ。もししからば、一生のあひだおもひとおもふこと、みな生死のきづなにあらざることなければ、いのち尽きんまで念仏退転せずして往生すべし。ただし業報かぎりあることなれば、いかなる不思議のことにもあひ、また病悩苦痛せめて、正念に住せずしてをはらん。念仏申すことかたし。そのあひだの罪をば、いかがして滅すべきや。罪消えざれば、往生はかなふべからざるか。摂取不捨の願をたのみたてまつらば、いかなる不思議ありて、罪業ををかし、念仏申さずしてをはるとも、すみやかに往生をとぐべし。また念仏の申されんも、ただいまさとりをひらかんずる期のちかづくにしたがひても、いよいよ弥陀をたのみ、御恩を報じたてまつるにてこそ候はめ。罪を滅せんとおもはんは、自力のこころにして、臨終正念といのるひとの本意なれば、他力の信心なきにて候ふなり。

（註釈版八四五～八四六頁）

現代語・意訳

わずか一度でも、南無阿弥陀仏と念仏すると八十億劫もの長い期間に迷界で苦しみ続けるほどの重い罪が消える、という説を信じるべきか、について。

この説は『観無量寿経』に説かれるものです。それは十悪や五逆などの重罪を犯し、日頃から念仏などしたこともない者でも、正に命終に臨んで、師僧に導かれて、一度念仏すれば八十億劫の苦となる罪が消えて、十度念仏すれば、その十倍の罪が消えて浄土へ往生出来るという教説です。この教説は、十悪や五逆がいかに重い罪であるのか衆生に知らせる目的なのに、前説では一度念仏より十度念仏の方が滅罪の利益が多いと主張しています。

しかしこれは、自力念仏であり、他力念仏の教えに遠くおよびません。

本願他力の教えは、智慧光のはたらきにより、念仏申さんと思い立つ心が起きて、その時には仏の真実心（信心）をめぐまれています。この世で浄土のさとりの聚（なかま）になるのです。それゆえに、その人は命終の時には煩悩や罪悪は転じて滅し、浄土で最高のさとりに到るのです。

この如来大悲（本願）がなければ、どうしてこの罪深い凡夫が生死の迷界を離れることが出来ましょうか。だからこそ一生の間、となえる念仏は、凡夫の立場でいえば、如来大悲の恩徳への報謝そのものです。

念仏するたびに、罪が消えると信じるのは自力念仏での往生を願っている姿です。一生の間、凡夫が心に思うことの多くは、この迷いの世に、つなぎとめる動き、執着心そのものといえます。永遠にここにいたいのが凡夫の本心なのです。ゆえに凡夫は一生の間、最期の時まで、大悲報謝の念仏を申して往くべきなのです。

とはいっても宿世の業や数々の縁により、人生には思いがけないことが起こります。また体調を崩し、苦痛により心安らかに念仏出来ない日々もあります。そんなつらい念仏出来ない日々は、ただ罪業をつくるごとくの日々ともいえます。そしてその罪業の期間の罪が消せないならば、往生浄土は不可能なのでしょうか。心配になります。

よくよく案じてみれば、本願名号のよび声（私は声の仏となり、必ず救う）にすべておまかせした凡夫は、業と縁により、やむをえず罪を作ったり、命終の時などに、念仏申すことが出来なくても、〝よび声〟におまかせしたかぎりは、必ず、すみやかに弥陀の浄土へ往生成仏出来るのです。

そして、幸いに臨命終時（まさに命終の時にのぞんだ、臨終）の際に念仏申すことが出来たとしても、それは御恩報謝の念仏です。もうすぐさとりを開く時だからこそ、本願におまかせした凡夫の姿なのです。

日頃から、そして命終に臨んで、自ら念仏し罪を消そうとする者は、自力念仏の者であり、本願他力の念仏〝よび声〟に、まかせきっていない者を指すのです。

文意

十悪

仏教での十大悪（悪業）

①殺生(せっしょう)――生き物を殺す。
②偸盗(ちゅうとう)――物をぬすむ。
③邪婬(じゃいん)――正しくない男女関係。
④妄語(もうご)――うそ・いつわり。
⑤両舌(りょうぜつ)――人と人を対立させる言葉。
⑥悪口(あっく)――他人のことを悪くいう。
⑦綺語(きご)――表面だけの、きれいな言葉。
⑧貪欲(とんよく)――欲・むさぼり。

⑨瞋恚（しんに）——いかり・はらだち。
⑩愚癡（ぐち）——真実が見えない、おろかな心。

五逆
仏教での五種の重罪
①殺父（せつぶ）——父を殺す。
②殺母（せつも）——母を殺す。
③殺阿羅漢（せつあらかん）——仏弟子の最高位の聖者を殺す。
（初期仏教や南方仏教には阿羅漢より上のさとりはない。ブッダは釈迦一人［諸説あり］）
④出仏身血（しゅつぶつしんけつ）——仏を傷つける。
⑤破和合僧（はわごうそう）——教団・僧集団の和を乱す。

善知識
善き仏教の指導者、師僧。

命終の一念

臨命終時にたった一度でも念仏すれば、重罪を滅してしまうとの説は、実際に浄土教に存在する。日頃の念仏より、最期に往生浄土を願う念仏の方が、はるかに上であり、尊いという意味である。それだけ念仏を真剣な思いでするという自力回向の念仏の立場である。

法然聖人の伝記（意訳）には、ある日のこと、京都東山の法然聖人の草庵で多くの僧俗が聞法していた。ある人が法然聖人に尋ねた、「平生(へいぜい)の念仏と臨終の念仏はどちらが上なのか」と。法然聖人は答える。「まったく同じ」と。質問者は「そんなはずはない。臨終最期の念仏の方が、はるかに上であり尊いと教説にある！」と反論した。そこで法然聖人はやさしく答える。「人生最期の念仏が最も上としたら、もしあなたが、この草庵の帰り石段から落ち、すぐ命終したら、今ここで称えている念仏が人生最期の念仏ということになる。あなたには平生の念仏しかないことになりますよ。念仏に上も下もありません。いつ称えても選択本願の念仏なのです」。この法然聖人の説示に、その場の多くの人々は、心うたれ大きな念仏の声が響いたという。

法然聖人は、相手に応じ、誰にでもわかるように念仏の教えを説いた。時に他宗の高僧が高度な質問をしても、難なくそれに答えたので、智慧の法然房と呼ばれていた。その高徳に、若き親鸞聖人も心うたれ、法然門下となったのである。若き親鸞聖人も法然聖人に多くの質問をしたはずである。その質問に法然聖人は勢至菩薩のごとく的確に答えた。

この優れた天才宗教家となら、「共に地獄におちても後悔しない」。この言葉は『歎異抄』だけでなく『恵信尼文書』にも記される。尊い師僧に出遇えた強縁と宿縁は、同じく唯円房もそう感じていたことであろう。

第十四条の念仏観

この第十四条に最初に出てくる自力念仏は、「往生するぞ」の念仏である。行者にとって念仏の行は、義務的・課題的・努力的な念仏となっているように思える。当時の念仏宗や、念仏衆の中にそういう教義主張があったと想像出来る。ただ親鸞聖人の他力回向の念仏は「往生さ
せるぞ」と、念仏が届くのである。私が、念仏して往生しようとするのではない。ここで再度、越前の妙好人前川五郎松同行の法語を記してみたい。

念仏は口でとなえりゃ
呪文になるぞ
心でとなえりゃ
神だのみ
出てくださるを

拝むだけ

この法語は親鸞聖人の他力回向の念仏をみごとに表現している。親鸞聖人自身も、法然聖人自身も、元々は比叡山で、身口意の三業で、苦行のような念仏の行（常行三昧）を修していたと想像する。時に不眠不休で身体を苦しめ、口で念仏し続け、意志で阿弥陀仏や浄土を思いうかべ続けるのである。それを完成した高僧もある事であろう。しかし法然聖人や親鸞聖人は、山を下りた。そして、だれもが、同じ方法で同じ浄土へ生まれ往く、易行の念仏に気付いてくださったのである。

それは、自分が完成に到る道ではなく、完成された世界に身をゆだねるという仏法である。五郎松同行の法語は、とても高度な内容であるが、『歎異抄』を読むと、すこし理解し易く、逆に五郎松同行の法語により、『歎異抄』が理解し易くなるように思われる。

〝念仏は出てくださる仏様である〟

第十五条

原文

一　煩悩具足の身をもつて、すでにさとりをひらくといふこと。この条、もつてのほかのことに候ふ。

即身成仏は真言秘教の本意、三密行業の証果なり。六根清浄はまた法華一乗の所説、四安楽の行の感徳なり。これみな難行上根のつとめ、観念成就のさとりなり。来生の開覚は他力浄土の宗旨、信心決定の通故なり。これまた易行下根のつとめ、不簡善悪の法なり。おほよそ今生においては、煩悩悪障を断ぜんこと、きはめてありがたきあひだ、真言・法華を行ずる浄侶、なほもつて順次生のさとりをいのる。いかにいはんや、戒行・慧解ともになしといへども、弥陀の願船に乗じて、生死の苦海をわたり、報土の岸につきぬるものならば、煩悩の黒雲はやく晴れ、法性の覚月すみやかにあらはれて、尽十方の無碍の光明に一味にして、一切の衆生を利益せんときにこそ、さとりにては候へ。この身をもつてさとりをひらくと候ふなるひとは、釈尊のごとく種々の応化の身をも現じ、三十二相・八十随形好をも具足して、説法利益候ふにや。これをこそ、今生にさとりをひらく本とは申し候へ。『和讃』（高僧和讃・七七）にいはく、「金剛堅固の信心の　さだまるときをまちえてぞ　弥陀の心光摂護して　ながく生死をへだてける」と候ふは、信心の定まるときに、ひとたび摂取して捨てたまはざれば、六道に輪廻すべからず。しかれば、ながく生死をばへだて候ふぞかし。かくのごとくしるを、さとるとはいひまぎらかすべきや。あはれに候ふをや。「浄土真宗には、今生に本願を信じて、かの土にしてさとりをばひらくとならひ候ふぞ」とこそ、故聖人（親鸞）の仰せに候ひしか。（註釈版八四六～八四八頁）

現代語・意訳

他力信心の人は、煩悩多き身であっても、すでにこの世でさとりを開き、仏になっているという主張に対して。

この主張は大きな誤りであり、誤解があります。これでは彼の岸、浄土が必要ないことになります。

この世で、この身のままさとりを開き、仏に成る教義は真言密教の根本教義で「即身成仏」といいます。身口意の三業による厳しい修行（三密の行）により仏と行者が一体となることをいいます。

また六根（眼・耳・鼻・舌・身・意）を清浄しさとりを目指すのは、『法華経』の一仏乗の教えです。これは四種（身・口・意・誓願）の安楽の行によるさとりが目的でもあります。六根清浄も四安楽の行も天台法華宗で大切にしている教義です。

これらはすべて、この世で高度な難行を完成出来る聖者の仏道であり、観念（心の中で、真理・仏・功徳などを念じる）の行によるさとりの完成が目的です。

反対に、この世を離れ、阿弥陀如来の浄土に到り、〝仏国土〟でさとりを開くのが、他力浄土門の目的です。これは仏願ですから阿弥陀如来の目的であり、願いでもあります。浄土は本願の地ですから、凡夫・衆生に本願名号がいたり届き、〝信心〟めぐまれ（定まり）、往生浄土し弥陀同証のさとりを開くのです。これは他力真宗の大道理なのです。

またそれは自力難行の聖者になれない、凡夫にかなう他力（仏力）の易行の仏道であり、仏願ゆえに老少・善悪をえらびません。

思うにこの人間界で、煩悩や悪業を消すためには、百年や二百年の修行でも無理のはずです。だから真言（密教）宗や天台（法華）宗の心ある修行者は次の世で浄土に生まれ、さとりを完成しようとするのです。いわゆる山の念仏が、それです。

そのようなことですので、凡夫・衆生は戒律も守れず、智慧もみがけないので、この世でさとりを開くことはありえません。その姿ゆえに、阿弥陀如来は本願の船に凡夫・衆生を乗せて、生死苦海を難なく渡り、真実の仏国土の浄土の岸まで確実に運んでくださるのです。

そして浄土の岸へ着いたなら、煩悩の黒雲はたちまち消え、晴れわたり、さとりの光がすべてを照らし、何もさえぎられない智慧の光明と「凡夫・衆生」は、とけあって行くのです。

その後、あらゆる迷いの人々を自在に救う立場になったら、その時はじめて、さとりを開いたといえるのです。

さて人間がこの世でさとり、仏に成るという教義や修行者も現実に存在しますが、その人たちは、あのインドの釈迦（ブッダ）のごとく人々を救済するための独自の姿、特徴（三十二相、八十随形好）を必ず具えるのでしょうか。

さとりを開き、ブッダになるというのは、正にそれらをいうのです。

親鸞聖人は自ら『高僧和讃』（善導讃）にこう記されます。

　この世で最も堅い金剛石のような
　他力の真実信心が届くときには
　阿弥陀如来の大慈悲の光明にもつつまれており
　もはや永遠に生死の苦海に戻ることはない（意訳）

と、いうものです。阿弥陀如来の真実心が凡夫に真実信心とめぐまれ、これを信心決定ともいいます。その時には摂取不捨の大慈悲心につつまれており、六道の生死の迷界に戻ることはないのです。

　浄土は仏国土で永遠の場です。その浄土で凡夫はさとりを開くのです。にもかかわらず迷界の人間界において、他力念仏の人がさとりを開くという誤解・曲解があることは、誠にあわれむべきことです。

　故・親鸞聖人の言葉は、「浄土への真実の教えは、この人間界で阿弥陀如来の本願を信じて、その後、浄土に往生してからさとりを開くのだと（法然聖人から）習いました」と、いうものでした。

各文意

観念の念仏

この語は念仏信仰においても大切にされてきた。念仏には、仏を心で念ずる観念の行と口で仏名を称える称名念仏がある。称名念仏は誰でも出来るが、観念の念仏は聖道門的難行に近い。観念の念仏の方が、高度で尊いとされ、法然聖人の専修念仏より前の時代、源信和尚などの浄土教では、口称より観念が重要視されていた。常行三昧の念仏修行も、同様である。

ある伝承をここに記す。

浄土宗を開いた法然聖人が、東山の草庵で人々に法を説いていた。そこに念仏僧らしき者が来て法を聞き、質問する。「称名の念仏より観念の念仏の方が、はるかに尊く、上のはず。なぜ称名念仏のみ勧められるのか」と。

法然聖人は答える。「その通り、よく学んでおられる。ただ今は末法の世にして、我らみな、凡夫の身です」「心や頭に仏・菩薩を思い浮かべて見なさい……。あの運慶・快慶の作品のような尊いお姿が表われるでしょうか。頭の中には子どもの絵のような、簡単な姿しか出ません」「これは仏・菩薩に失礼となります」「しかし、口に念仏を称える称名念仏は誰もが行じることが出来て、仕事をしながらでも、行じることが出来ます。この行は凡夫のために考えられた、選択本願念仏なのです。凡夫すべての立場において、最上、無上の往生の行です」「これは善導大師の教示です」と。

法然聖人のわかり易い教示に、専修念仏はますます日本中に弘まって行くのである。

三十二相八十随形好

インドの古い思想であるが、仏教に取り入れられ、ブッダ（覚者）相好であり、三十二の相とそれにまつわる八十の随形好として弘まった。これは三十二相八十種好ともいい、略して相好と表現する。

阿弥陀如来も釈迦如来も〝ブッダ〟なのでこうした特徴が体に表われる。有名なところを紹介しよう。

○白毫――眉間に柔軟な白いうぶ毛があり、右旋して生えており、清浄にして常に鮮やかな光を発している。

○仏足の法輪――足の裏に様々な印が表われている。その中央に千輻輪（法輪）があり、法が車輪のごとく弘まる印である。

○手足指縵網相（しゅそくしまんもうそう）——仏の手と足に水掻きがあり泳ぐことが出来る。『大智度論』には、苦海を彼の岸へ泳いで渡るため〝水掻き〟があると説明している。日本の古い阿弥陀像の中には足に水掻きがある著名な仏像もある。

親鸞聖人の『高僧和讃』（龍樹讃）には、

生死の苦海ほとりなし
　ひさしくしづめるわれらをば
弥陀弘誓のふねのみぞ
　のせてかならずわたしける

とある。「龍樹讃」十首の内、一と八には『智度論』の名があるので、右の和讃は『大智度論』の心を讃じたものである。

阿弥陀如来の手と足の水掻きは泳ぐためのものと、親鸞聖人も理解していたようである。生死の苦海の底の底に永く永く、沈んでいた凡夫・衆生を、深くもぐり、泳ぎ、そのまま本願の船に、阿弥陀如来自らのせてくださり、彼の岸まで、つれて行ってくださるとの意である。ちなみに阿弥陀如来の手の水掻きは、凡夫・衆生を、仏の手ですくい上げるためと記した教典や七高僧などの仏書は見あたらないので、古来多くの高僧の「仏の手足」の解釈は苦海をもぐるためと考えていた可能性が高いと思われる。

第十六条

原　文

一　信心の行者、自然（じねん）にはらをもたて、あしざまなることをもをかし、同朋同侶（どうぼうどうりょ）にもあひて口論（こうろん）をもしては、かならず回心（えしん）すべしといふこと。この条、断悪修善のここちか。

一向専修のひとにおいては、回心といふこと、ただひとたびあるべし。その回心は、日ごろ本願他力真宗をしらざるひと、弥陀の智慧をたまはりて、日ごろのこころにては往生かなふべからずとおもひて、もとのこころをひきかへて、本願をたのみまゐらするをこそ、回心とは申し候へ。一切の事（じ）に、あしたゆふべに回心して、往生をとげ候ふべくは、ひとのいのちは、出づる息、入るほどをまたずしてをはることなれば、回心もせず、柔和忍辱のおもひにも住せざらんさきにいのち尽き〔な〕ば、摂取不捨の誓願はむなしくならせおはしますべきにや。口には願力をたのみたてまつるといひて、こころにはさこそ悪人をたすけんといふ願、不思議にましますといふとも、さすがよからんものをこそたすけたまはんずれとおもふほどに、願力を疑ひ、他力をたのみまゐらするこころかけて、辺地の生をうけんこと、もつともなげきおもひたまふべきことなり。信心定まりなば、往生は弥陀にはからはれまゐらせてすることなれば、わがはからひなるべからず。わろからんにつけても、いよいよ願力を仰ぎまゐらせば、自然のことわりにて、柔和忍辱のこころも出でくべし。すべてよろづのことにつけて、往生にはかしこきおもひを具せずして、ただほれぼれと弥陀の御恩の深重なること、つねにおもひいだしまゐらすべし。しかれば、念仏も申され候ふ。これ自然なり。わがはからはざるを自然と申すなり。これすなはち他力にてまします。しかるを、自然といふことの別にあるやうに、われ物しりがほにいふひとの候ふよしうけたまはる、あさましく候ふ。（註釈版八四八～八四九頁）

現代語・意訳

本願を信受し、他力念仏を申す人々が、その凡夫の心のままに腹を立てたり、悪い言動をしてしまったり、仲間・門徒・僧侶どうしで口論をしてしまったら、その度ごとに、自ら反省・改心を必ずしなければならないという主張について。

このような主張はまったくありえません。本願他力の念仏（よび声）に生かされている人々は、他の必要条件や取引きのような要求はないといえます。凡夫の失敗・失態に対しての要求「悪を断じ・善を修する」ごとくの自力修行的な強い反省・改心は不要なのです。本当の他力念仏の者は、如来大悲のまん中で、お恥かしい、正に凡夫であったと、その身をふり返るのが本来でありましょう。

ひたすらに、もっぱらに他力念仏を申す人々にとって回心（ひるがえす信仰心）とは、人生で一度だけといいます。

それは日頃、本願他力の信心の教えに出遇っていなかった人が、阿弥陀如来の智慧の光明のはたらきにより、凡夫の知恵の限界を知らされ、その知恵をすてはてて、大慈悲心の本願海に帰入（回入）することを〝回心〟というのです。単なる反省・改心ではありません。毎日、毎回のように、失敗・失態を反省・改心しないと往生出来ないとすれば、人の命は不定ですから、朝の大失態を昼に反省・改心しようとした人が、昼前に命終していたという可能性もあるのです。その人は正しい回心もなく、さとりへのやわらかな心も知らず、命終してしまうので、本願名号の心（仏は声の仏となり、今、救う）は正しく届いていないかのごとくで、むなしいことです。

日頃から言葉では「弥陀の本願におまかせしている」と言っている人も心の中では善悪にこだわり、「悪人往生こそが〝本願不思議〟なりといえども……やはり、仏は善人の方を救うはずだ」と考えているようです。しかしこれでは本願他力の仏心を疑い、おまかせする心が欠けているので、仮の浄土（辺地）に留まってしまうことを心から悲しむべきです。

凡夫・衆生は、本願名号のはたらきにより真実の信心をめぐまれるのですから、往生は仏のはからいであり、自力のはからいはまったく関わりません。凡夫・自力の愚かさに気づかされ、ますます本願他力のはたらきに心をよせれば、言葉を超えた、阿弥陀如来の大慈悲心が、親心のように優しく、凡夫・衆生をつつみ込むのです。それを自然といいます。

本願のもつ自然のはたらきにより、やわらかな心、怒りをおさえる心も少しは出てくるでしょう。

そして凡夫往生については、凡夫の愚かな理屈をさしはさまず、ただただほれぼれと、本願の仏心の深さを思いうかべるのです。そうすれば〝自然(じねん)〟に口から念仏もこぼれてくるでしょう。そうした凡夫のはからいを離れた仏のはからいを、〝自然〟というのです。これを「本願不思議」とも「名号不思議」ともいいます。

時おり、人により、〝自然〟なるはたらき、本願のはたらきより他のはたらきがあるかのごとく物知り顔をして人を惑(まど)わしているようですが、歎かわしいことです。

各文意

はらをもたて

凡夫・衆生は、念仏申しても、信心めぐまれても、腹を立てたり、口論もすることがある。それは感情があるからである。釈迦は三十五歳の時、解脱された覚者なので感情を自からコントロール出来て、煩悩をはなれているので、肉体はあれど睡眠も食事も本来は必要ないといえる。ブッダとなった釈迦が、食事をしたり、睡眠をとったたするのは仮の姿である。

ちなみに、ダライ・ラマ十四世が来日された際に、日本の中学生がこんな質問をした。「ダライ・ラマさんは、怒ったり、腹を立てたりしないのですか」と。

するとダライ・ラマ十四世はこう答えた。「私だって人間ですから怒ったり、腹を立てたりしますよ。でもすぐに心を落ち着かせるようにしています」と。さらに、「お釈迦様は、大荒れの海の波の下の底は、静かなように、心が大荒れになっても、物静かな言動を心がける様にしなさい、と教説されましたよ」と、述べられた。

この話は第十六条に近い話であり、第十六条に出てくる「柔和・忍辱」（やわらぎの心と堪え忍ぶ心）の大切さを明示しているかのごとくである。

回心

他力真宗でいう回心とは、自力の心をひるがえし、すてはなれ、他力の仏心に帰入することである。

ここで間違えてはいけないのが、この回心は、

○自力本願から他力本願へ

○自力念仏から他力念仏へ

というようにAコースからBコースへ、コース変えをしたわけではない。もともと阿弥陀

如来の本願力（他力）の仏心から見れば、自力本願という言葉も自力念仏という言葉も無いわけである。あえてその言葉を使用すれば、本願他力の仏心にまったく気付かず、自分の知恵のみ信じる立場の人を、自力本願とか自力念仏という表現を用いることになるのである。前述もしたが、そもそも忘れてはいけないのが、浄土へは他力（本願力）でしか人間は往くことが出来ない。また、我々人間（凡夫・衆生）に届いている念仏（本願名号）は、他力（本願力）のはたらきのみしか届いていない。

才市同行はこう口あいにしている。

○他力には
　自力も他力もありません
　一面　他力
　なむあみだぶつ

右の詩の内容は、まさに親鸞他力思想の深い部分を、さらりと言葉にしている。最初の言葉、「他力には」の意は「本願力には」と同義である。才市同行は明らかにそれを知っている。

つまり自力で念仏していると思い込んでいる行者を、阿弥陀如来は常にあわれんでいるのである。たとえてみれば、大きな船に乗り目的地に向かっている者が、船の中で一心に船を漕ぐ動作をしているようなものである。大きな力に身をゆだねることに気付いていないわけである。

親鸞聖人は、法然聖人に出遇い、その教えにより他力本願海に帰入した。回心である。親鸞聖人は『教行信証』（後序）に「しかるに愚禿釈の鸞、建仁辛酉の暦、雑行を棄てて本願に帰す」と記し、生涯ただ一度の回心を伝えている。これは親鸞聖人ほどの天才宗教家ゆえに、回心の時がわかるのであって、一般の凡夫・衆生は回心の時ははっきりとはわからないであろう。

親鸞聖人自身は「信心まことに、めぐまれた人は、仏恩報謝の心が生まれてくる」はずであると説いている。凡夫の心に生まれてくるのは、阿弥陀如来への仏恩報謝（御恩報謝）の思いである。その思いは、人それぞれの形があるはずで一様ではない。

よくよく案じてみれば念仏を申して、雑行雑修自力の心をすてたと思い込んでいるが、まだたくさん残っているから、煩悩成就の凡夫というのである。才市同行の言葉を借りれば、ご法義のカゼを引いたのは、正確な時はわからないが、念仏のセキが出てくださるから、帰入本願海がわかるのである。セキが出ると、人々は、あれ、いつ体を冷したかな、と思うものである。阿弥陀如来の本願（第十八願）は、「私は声の仏となり、衆生の念仏となり、今救う。名号に込めた仏心（信心）をよろこんでくれよ」という仏願である。

阿弥陀如来は、第十八願に、「回心した正確な日時や指導した先生を確実に、表明しなければならない条件だ」とは誓ってはいない。

仏心とは法然聖人の「月かげの歌」のごとく、すでに届いていた仏心に気付くだけでいいのである。

　月かげの　いたらぬ里は　なけれども
　　ながむる人の　心にぞすむ（法然聖人）

この歌は浄土宗の宗歌にもなっている。月の光は、誰もいない夜の山や川も常に照らしている。お育てにより、すでに照らされていた私に気が付けばいい、その時、仏心は凡夫の心に届いていると味わえよう。何ら力む必要はないのである。

有名な大和の清九郎同行（一六七八〜一七四六）は、こう言っている。

　信じようと力んだ覚えがないから
　　頂いた覚えもない、
　気がついたら、お六字の縄に
　　しばりあげられていたわ。

この詩は、他力回向の信心をよく表現している。清九郎同行は、大谷派の寺院の門徒で、東本願寺の法主も、清九郎同行を敬まっており、何度も面会し、法の交流をしている。

清九郎同行の言葉のように、信心（仏心）をいつ、どこで頂いたのか、自力から他力へ変化したのはいつかなどは、重要でないといっている。そして大切なのは、〝お六字〟につつまれた身、つまり南無阿弥陀仏につつまれた身の尊さに、念仏申す事であるとしている。

清九郎同行は一六七八年の生まれである。この江戸前期には、真宗大谷派の優れた学僧が、『歎異抄』に光をあてている頃である。

清九郎同行の言葉の中に『歎異抄』の真信の心が届いていたのかもしれない。

第十七条

原　文

一　辺地往生をとぐるひと、ついには地獄におつべしといふこと。この条、なにの証文にみえ候ふぞや。学生だつるひとのなかに、いひいださるることにて候ふなるこそ、あさましく候へ。経論・正教をば、いかやうにみなされて候ふらん。

信心かけたる行者は、本願を疑ふによりて、辺地に生じて疑の罪をつぐのひてのち、報土のさとりをひらくとこそ、うけたまはり候へ。信心の行者すくなきゆゑに、化土におほくすすめいれられ候ふを、つひにむなしくなるべしと候ふなるこそ、如来に虚妄を申しつけまゐらせられ候ふなれ。（註釈版八四九～八五〇頁）

現代語・意訳

他力回向の念仏（よび声）に気付かず、自力のはからいで念仏して方便の化土（仮の浄土）にしばらく留まっている者は、結局、地獄へおちる、という主張について。

この、あきれた主張は、いったいどのような聖教類に書かれているのでしょうか。この、あきれた主張は学者ぶった者たちが説いているとのことですが、困ったことです。浄土教典や、様々な聖教類を自分勝手に読んでいるのでしょう。

私（唯円房）が師から聞いているのは「本願名号を信受していない者は、本願他力を疑い、自力回向のような念仏であったので仮の浄土までは往生します」「その化土で疑いの罪をつぐなった後に報土（浄土）へと往生し、さとりを開くのです」というものです。

本願力回向の名号のはたらきを、弥陀のよび声と信受していない者は、信心（仏心）を受けとめていない者です。そんな者が多いので、弥陀は仮の浄土へ、まず行者を往生させて、それから大慈悲の心により、真実の浄土へ導こうとなさるのです。これは凡夫の思議出来ることではありません。

この阿弥陀如来の浄土への特別な導き、はからいを理解せず、辺地往生（方便化土の往生）させていただいた者が、のち地獄におちるという曲解の学者ぶった者がいることは、困ったことです。
そうした曲解者の主張は、釈迦の説かれた浄土教典の内容が、うそいつわりと言っているのと同じことなのです。

各文意

辺地
浄土の中の周辺の地。『無量寿経』に出る語。親鸞聖人は本願を疑う自力の行者が往生する方便化土のこととした。

報土
本書で前に述べたが、報土（ほうど）とは阿弥陀如来の誓願（因願（いんがん））が報（むく）われてできた土（ど）（仏国土）である。つまり浄土のこと。

報化二土

源信和尚は『往生要集』に、報土（浄土）の中に、報土と化土の二土があると説いた。報土と化土は、真実報土と方便化土とも表現し、教典や聖教類には様々な呼び名がある。即ち、

○真実報土——安楽国・安養・無量光明土・蓮華蔵世界・無為涅槃界・真報土・真仏土など。

○方便化土——辺地・懈慢界・疑城・胎宮・七宝の獄など。

報化二土の考え方は、元々浄土教典にも見られたものを、源信和尚が、明確な浄土観として『往生要集』に表現した。法然聖人はこの報化二土よりも九品浄土の思想を大切にしたが、親鸞聖人は九品の浄土は方便の教えとして重視せず、報化二土を重視し、『教行信証』の中にも、源信思想をさらに深めた報化二土観を述べている。よって『歎異抄』には、報化二土に関わる話や説示が出てくるが、九品の浄土については、まったく出てこない。

法然浄土宗が重視する九品の浄土が、『歎異抄』に出てこず、報化二土が出てくることはとても興味深いことであり、唯円房の時代における親鸞教団が、法然浄土宗の流れを汲む念仏教団とはいっても、教義的には、親鸞聖人の他力真宗の独自性を明らかに見ることが出来る。

九品の浄土思想は現代の法然浄土宗各派でも重視している。即ち、

〈九品（くぼん）の浄土〉

○上品上生・上品中生・上品下生
○中品上生・中品中生・中品下生
○下品上生・下品中生・下品下生

この九品の浄土は、『観無量寿経』（観経）に説く浄土観であり往生を願う者の機根（信仰レベル）に応じて上から下まで、九段階の浄土を、阿弥陀の浄土内に想起したものである。当然、念仏の行者は、上品上生を目指して努力することになる。

中国の善導大師は、下品下生の「十念を具足して南無阿弥陀仏と称す」という称名念仏の立場に注目し、これを『無量寿経』の第十八願と結合させ、『観経』の凡夫救済の側面を徹底させた。善導大師は『観経』重視の人で、『観経疏（かんぎょうしょ）』（四巻）を著し、法然聖人はその『観経疏』の一文により、仏の正意に出遇い、選択本願の他力念仏の教義を確立している。よって現代の浄土宗は『観無量寿経』重視である。ちなみにこの点は、宗派により異なる。

○融通念仏宗――『阿弥陀経』重視
○時宗――『阿弥陀経』重視

○浄土宗各派――『観無量寿経』重視、浄土三部経すべてを同等に重視する派もあり
○真宗各派――『無量寿経』重視

右は重視ということで、他の浄土三部経などの経典も大切にし、融通念仏宗は『華厳経』も大切にしている。

ついには地獄におつべし

原文の初めの部分に出てくる一文であるが大切なところである。親鸞聖人は第二条の中で「念仏は、まことに浄土に生(うま)るるたねにてやはんべらん、また地獄におつべき業にてやはんべるらん、総じてもつて存知せざるなり」と述べている。とても厳しい言葉であるが、聖人は念仏は他力回向のおよび声であるから、凡夫があれこれはからう必要はない、ということを伝えんとしたと考える。

もちろん、第十条と第十七条に出てくる「地獄行き」の表現は、曲解者と親鸞聖人という立場は違うが、他力真宗ではこの「地獄行き」の言葉はよく使うものである。

他力真宗（親鸞教義）においては、「地獄行き（一定）」の姿も、「浄土往生」の姿も、同じ凡夫のありのままの姿なのである。

阿弥陀如来の本願は、必ず地獄におちる凡夫ゆえに、必ず、さとりの浄土へ生まれさせ

ようとする仏願である。その仏願は悲願でもある。

関連した話を紹介する。

その昔、広島の真宗学寮初代学頭であった高松悟峰（一八五六〜一九三六）和上が、ある日、法要に出向された。その際に和上は「この中に一人、地獄ゆきが決まっている者がいる」と述べられたので御同行たちはざわついた。休憩が終わり、次の席で和上はさらに「この中に一人、浄土ゆきが決まっている者がいる」と述べられたという。御同行たちは困惑したことであろう。

高松和上が伝えんとしたのは、地獄行きも浄土行きも、本願に照らされた私一人のありのままの姿であるということである。右の高松和上の二つの言葉は、正に阿弥陀如来自身の言葉と味わうことが出来る。

凡夫の往き先は、まかせられる仏様が存在するので、はからう必要はないのである。

第二条において、親鸞聖人が「総じてもつて存知せざるなり」と仰せられているのは、そのことを教示されているといえよう。

第十八条

原　文

一　仏法の方に、施入物の多少にしたがつて、大小仏になるべしといふこと。この条、不可説なり、不可説なり。比興のことなり。

まづ、仏に大小の分量を定めんこと、あるべからず候ふか。かの安養浄土の教主（阿弥陀仏）の御身量を説かれて候ふも、それは方便報身のかたちなり。法性のさとりをひらいて、長短・方円のかたちにもあらず、青・黄・赤・白・黒のいろをもはなれなば、なにをもつてか大小を定むべきや。念仏申すに、化仏をみたてまつるといふことの候ふなるこそ、「大念には大仏を見、小念には小仏を見る」（大集経・意）といへるが、もしこのことわりなんどにばし、ひきかけられ候ふやらん。かつはまた、檀波羅蜜の行ともいひつべし。いかに宝物を仏前にもなげ、師匠にも施すとも、信心かけなば、その詮なし。一紙・半銭も仏法の方に入れずとも、他力にこころをなげて信心ふかくは、それこそ願の本意にて候はめ。すべて仏法にことをよせて、世間の欲心もあるゆゑに、同朋をいひおどさるるにや。（註釈版八五〇～八五一頁）

現代語・意訳

お寺や僧侶に対して寄進・布施をするときに、その金品が多いか少ないかによって、施主がのちの世で大きな仏になり、または小さな仏になる、という論議について。

この主張は、あきれて言葉になりません。仏教の道理を外れています。

本来、仏様には大小がないのです。浄土教典には阿弥陀如来の仏身は大きい、と説いてありますが、敬うための方便表現です。

真実のさとりの世界は、一如にして不二なる世界です。仏様や仏国土には、長い短い・四角い円い・色々な色・男女・遠近・明と暗・有無など、人間界（迷界）での相対的二元論・対立的二元論は無く、超越しています。『大集月蔵経』に聖者が瞑想を凝らして仏を念じ、化仏を観ることについて、「大声で念仏すれば大仏を見、小声で念仏すれば小仏を見る」と説かれていますが、多分これにこじつけて、今のような主張をしているのでしょう。

そして、お寺や僧侶への寄進・布施は、布施の行ですが、その行に集中すると、自力聖道の行となります。

どんなに財物を仏前に供え、師僧に布施をしても、本願名号を信受していなければ意味のないことです。

施物の量が多いほど、信心も深いわけではありません。たとえ一枚の紙・銭半銭さえも布施出来なくても、本願名号のはたらきにより信心をめぐまれ、念仏申す身となることが、もっとも大切なことです。他力の信心とは深い仏心のことであり、念仏とは仏のよび声、そのものと心得るべきです。

仏の大小など、仏法を曲げて説き、法の仲間を混乱させている者は、俗世間に様々な欲望を持っているのでしょう。

少なくとも他力の真実信心へ導く者ではありません。

各文意

仏の大小

仏様の世界はさとりの世界であり、一如にして不二なる世界である。ＡかＢか、有か無かという、迷いの二元論はない。迷いの人間界は相対的世界であり、遠い↕近い、大↕小、老↕少、善↕悪に迷いつづけている。

山に登るのに道が二つあると、どちらから登ろうかと迷う。道が一つなら迷わない。うどん屋で、うどんしか店になければ注文は迷わないが、そばもあると、どちらにしようか迷うのである。二つ以上であっても同様である、教典に浄土は、「はるか遠い」と説いているのは、凡夫を導く方便である。

『歎異抄』のテーマは、「善人か悪人か」という課題と共に世に知られ、数々の関連書により多くの論述があるが、そもそも、仏様（阿弥陀如来）の立場から見れば、救う対象に、老少・善悪・男女などを一切問わない。

化仏をみたてまつる

凡夫・衆生は本来の仏様の姿は見えない。見えたとすれば、それは化仏（仏の化身）であり本物ではない。大きな仏像などの後部に多くの小さな仏が刻まれていることがあるが、それが化仏である。観想念仏の修行者が見るのも化仏といわれている。

本当の仏様は真実（真如）そのものなので、色も形もない。如来とはつまり真如の世界から来られた方という意をもつ。仏様と如来様は同じ意味である。

後序

原文

右条々は、みなもつて信心の異なるよりことおこり候ふか。故聖人（親鸞）の御物語に、法然聖人の御時、御弟子そのかずおはしけるなかに、おなじく御信心のひともすくなくおはしけるにこそ、親鸞、御同朋の御中にして御相論のこと候ひけり。そのゆゑは、「善信（親鸞）が信心も聖人（法然）の御信心も一つなり」と仰せの候ひければ、勢観房・念仏房なんど申す御同朋達、もつてのほかにあらそひたまひて、「いかでか聖人の御信心に善信房の信心、一つにはあるべきぞ」と候ひければ、「聖人の御智慧・才覚ひろくおはしますに、一つならんと申さばこそひがことならめ。往生の信心においては、まつたく異なることなし、ただ一つなり」と御返答ありけれども、なほ「いかでかその義あらん」といふ疑難ありければ、詮ずるところ、聖人の御まへにて自他の是非を定むべきにて、この子細を申しあげければ、法然聖人の御仰せには、「源空が信心も、如来よりたまはりたる信心なり。善信房の信心も、如来よりたまはらせたまひたる信心なり。さればただ一つなり。別の信心にておはしまさんひとは、源空がまゐらんずる浄土へは、よもまゐらせたまひ候はじ」と仰せ候ひしかば、当時の一向専修のひとびとのなかにも、親鸞の御信心に一つならぬ御ことも候ふらんとおぼえ候ふ。

いづれもいづれも繰り言にて候へども、書きつけ候ふなり。露命わづかに枯草の身にかかりて候ふほどにこそ、あひともなはしめたまふひとびと〔の〕御不審をもうけたまはり、聖人（親鸞）の仰せの候ひし趣をも申しきかせまゐらせ候へども、閉眼ののちは、さこそしどけなきことどもにて候はんずらめと、歎き存じ候ひて、かくのごとくの義ども、仰せられあひ候ふひとびとにも、いひまよはされなんどせらるることの候はんときは、故聖人（親鸞）の御こころにあひかなひて御もちゐ候ふ御聖教どもを、よくよく御覧候ふべし。

おほよそ聖教には、真実・権仮ともにあひまじはり候ふなり。権をすてて実をとり、仮をさしおきて真をもちゐるこそ、聖人（親鸞）の御本意にて候へ。かまへてかまへて、聖教をみ、みだらせたまふまじく候ふ。大切の証文ども、少々ぬきいでまゐらせ候うて、目やすにして、この書に添へまゐらせて候ふなり。

聖人（親鸞）のつねの仰せには、「弥陀の五劫思惟の願をよくよく案ずれば、ひとへに親鸞一人（いちにん）がためなりけり。さればそれほどの業をもちける身にてありけるを、たすけんとおぼしめしたちける本願のかたじけなさよ」と御述懐候ひしことを、いままた案ずるに、善導の「自身はこれ現に罪悪生死の凡夫、曠劫（こうごう）よりこのかたつねにしづみつねに流転して、出離（しゅつり）の縁あることなき身としれ」（散善義四五七）といふ金言（きんげん）に、すこしもたがはせおはしまさず。さればかたじけなく、わが御身にひきかけて、われらが身の罪悪のふかきほどをもしらず、如来の御恩のたかきことをもしらずして迷へるを、おもひしらせんがためにて候ひけり。まことに如来の御恩といふことをば沙汰（さた）なくして、われもひとも、よしあしといふことをのみ申しあへり。聖人の仰せには、「善悪のふたつ、総じてもつて存知せざるなり。そのゆゑは、如来の御こころに善しとおぼしめすほどにしりとほしたらばこそ、善きをしりたるにてもあらめ、如来の悪しとおぼしめすほどにしりとほしたらばこそ、悪しさをしりたるにてもあらめど、煩悩具足の凡夫、火宅無常（かたくむじょう）の世界は、よろづのこと、みなもつてそらごとたはごと、まことあることなきに、ただ念仏のみぞまことにておはします」とこそ仰せは候ひしか。

まことに、われもひともそらごとをのみ申しあひ候ふなかに、ひとついたましきことの候ふなり。そのゆゑは、念仏申すについて、信心の趣をもたがひに問答し、ひとにもいひきかするとき、ひとの口をふさぎ、相論をたたんがために、まつたく仰せにてなきことをも仰せとのみ申すこと、あさましく歎き存じ候ふなり。

このむねをよくよくおもひとき、こころえらるべきことに候ふ。これさらにわたくしのことばにあらずといへども、経釈の往く路もしらず、法文の浅深をこころえわけたることも候はねば、さだめてをかしきことにてこそ候はめども、古親鸞の仰せごと候ひし趣、百分が一つ、かたはしばかりをもおもひいでまゐらせて、書きつけ候ふなり。かなしきかなや、さいはひに念仏しながら、直に報土に生れずして、辺地に宿をとらんこと。

一室の行者のなかに、信心異なることなからんために、なくなく筆を染めてこれをしるす。なづけて『歎異抄』といふべし。外見あるべからず。（註釈版八五一〜八五四頁。この一段は長文のため適宜改行した）

現代語・意訳

私、唯円が各条に述べてきました世の異義・曲解の多くは、他力回向の信心（届く仏心）について正しく信受していない人々によるものでしょう。

親鸞聖人がまだお若い頃の貴重な出来事について記しておきます。

その昔、法然聖人が京都東山の草庵におられた頃、そこには多くの御弟子がおいでした。しかし法然聖人と同じ真実の信心の者は少なく、御弟子どうしで信心について宗論争いが起きました。

というのは、ある日、親鸞聖人（善信房）が「善信の信心も、法然聖人の信心も同一の信心です」と言ったため、勢観房・念仏房など名だたる先輩僧が反発しました。それは、「あの尊い師の法然聖人と、若輩の善信房の信心が同じはずがない、失礼な話だ」と善信房を非難したのです。そこで善信房（親鸞聖人）は答えます。「確かに智慧や学識の高さにおいて法然聖人にはとても及びません。しかし信心においてはまったく同一の信心です」と。

善信房の答えに先輩僧はますます反発し、「そんな理屈があろうか」と述べ論争は終わりそうにないので、「それでは法然様の御意見を聞こう」となり、師の元で信心論争について師に判断を仰いだのです。

師の法然聖人は、明確に答えます。「みなさん、この源空（法然聖人）の信心も、善信房の信心も、まったく同じものです。まったく差はありません。なぜならば信心は阿弥陀如来よりたまわり、届く仏心だからです。多くの子どもにかけられた親心と同じです。もし私(わたし)源空と御弟子のみなさんの信心に違いがあるとしたならば、私源空の生まれ往(ゆ)く、やすらぎの浄土へ、みなさんは同様に往生出来ない理屈となりますよ」というものでありました。

親鸞聖人の判断は正しかったのです。しかし今でも念仏申す人々の中には、聖人と異なる信心の人が多いようです。

右のごとく同じような事ばかり書いてしまいました。私唯円は今、枯れ草のように老いて、露のようにはかない身です。だからこそ本願他力の念仏を申される人々が疑問を持たないように、親鸞聖人のまことの教えを残すようにしておきたいのです。しかし私が命を終えた後は、ますます異義・曲解が増えるのではないかと心配です。

よって今後は異義・曲解による混乱や争いがあれば、親鸞聖人が大切にされた数々の御聖教に目を通してください。そして御聖教には、真実の教えと方便の教えが混在しているので、方便をすてて、まことを取り、仮のものを除いて真実のものを用いることが大切で正しい聖教の読み方です。これは親鸞聖人の教示なのです。

さて、ここで他力真宗の大切な「証しの文」ともいうべき事柄を、記しておきます。

故・親鸞聖人がつね日頃仰せられていたのが、「阿弥陀如来（法蔵菩薩）が五劫という無限の時間をかけて案じ、成就してくださった本願の目的は、この親鸞一人の救済のためであった。本願の目的となるほどの多くの業を作り、今も作っている。それほど愚かな身を案じて必ず救うと誓われた仏願のなんとありがたいことであろうか」との言葉でした。

今になって聖人の言葉を思い出してみると、善導大師の言葉「自分は迷界で生死をくりかえし、はるか昔から苦海に沈み、そこから抜け出せる……小さなきっかけも持たない」という大切な言葉と、少しも違っていません。

そこを改めて味わってみると、故・親鸞聖人の日頃の言葉は、人間の罪悪がどれほど深いか知らず、逆に阿弥陀如来の大悲の恩徳がどれだけ尊いか知らず、煩悩の苦海に沈んでいる姿に気付かせる目的があったのです。

私たち凡夫・衆生は、如来大悲の恩徳の尊さに気付かず、凡夫どうしで善だとか悪だとか論争しています。

故・親鸞聖人は、「善悪の二つ（二元論）は、大きな仏の心で見れば意味なきことで、私親鸞の思考を超えている。阿弥陀如来の仏の心で見れば、一如不二の世界にして、老少・善悪・男女は分けていない。たとえば阿弥陀如来御自身が、これこそ善そのものだ、これこそ悪そのものだ、と断定したものが、はっきり明確に並べられたならば、私親鸞も仏意に従い、各々善悪を仕分けするであろう」「けれども人間は煩悩にふりまわされ、この世は燃えさかる家のごとく、常に移りかわる世界であり、すべてはむなしく、いつわりの迷界であるゆえに、確かな真偽・善悪の判断はむずかしい。その中にあって念仏（仏のよび声）だけが迷界にあって凡夫の支えとなる〝まこと〟といえるのです」と、教示されました。

思えば自他共にいつわりばかり言いあっていますが、特に悲しく思うのは、念仏申しながらも信心の論争をしたり、相手の言葉をさえぎって自論を言ったり、議論を止めるために、聖人の教えでないことを聖人説と主張する者がいることです。その実態を知っていただきたいものです。

私唯円がこのように述べましたことは、決して自分勝手な自論ではありません。けれども私は十分に教典や聖教を深く心得てはいない者ですから、内容におかしな点もあることでしょう。

私の思いは故・親鸞聖人の仰せの言葉の百分の一、いえ、ほんの一端でも思い出して、ここに記したものです。幸いにして念仏申す身となっても、浄土の中の辺(ほと)りの地、仮土(けど)に留まる場合があったら悲しいことです。だから念仏仲間が仮土に留まることがないように、信心について取り違えないように、泣く泣く筆を染めてこれをしたためました。

名づけて『歎異抄』としておきます。

他力易行の門外の人には見せないでください。

各文意

勢観房

勢観房源智（一一八三～一二三八）。平師盛の子と伝わる。建久元（一一五五）年十三歳の時に法然聖人のもとに送られるが、法然聖人は天台座主慈円に預け、源智はそこで出家する。後に六十三歳の法然聖人の門下となり、十八年間も師につかえた。親鸞聖人より年少であるが、入門が早いので先輩僧である。源智は観進聖としても才能があり、師の法然聖人より信頼され、師から、道具・本尊・房舎・聖教を譲り受けており、法然聖人の往生の直前には『一枚起請文』を授かっている。源智は、知恩院二世、百万遍知恩寺二世などとなっている。

念仏房

生没年未詳。念阿弥陀仏のこと。天台の学僧であり、大原問答では比叡山側の問者となり専修念仏と対抗していた。とても熱心な行者であり、九十五歳で没するまで、嵯峨の釈迦堂への参詣を三十数年間、一日も欠かなかったという。法然聖人の専修念仏に帰依し、法然門下の高弟として世に知られることになる。

同一の信心

後序の内容にあるごとく、他力回向の信心は阿弥陀如来よりたまわる信心である。それは凡夫に届く仏心であり真実心であるから、同一であり、高底・上下などはない。

したがって、信心において人を裁くことは出来ず、「おまえの信心は浅い」とか、「おまえは信心をいただいていない」とか、「失敗ばかりする者の信心はどうなっているのか」とか、人の信心を裁けない。信心で人を責めることが可能なのは、自力の信心の者といえる。

現代における諸宗教においても、御利益がなかったら、「信心が足らない、お供えが足らない」などと責めるのは、真実の信心からすればありえないことであり、若き親鸞聖人はその誤りを見抜いていた。法然聖人も先輩僧を叱らず、「私と同じ浄土へ」との教示であった。

さらに例をあげれば、寺の行事に参加し、人につられて念仏を称えた三歳の子どもと、寺に八十年近く参り、聞法したおばあちゃんの信心は、実はまったく同じなのである。

「そんなはずはない。おばあちゃんの信心の方がはるか上である」という考え方は、あの勢観房や念仏房と同じ理論（凡夫の理論）となるのである。ここは現代の他力真宗の者が間違える所なので注意したい。

親鸞一人がため

弥陀の五劫思惟の願に対する親鸞聖人のとらえ方の中心思想は、「私一人のために、法蔵菩薩がこのたび現われ、私一人のために、このたび五劫の思惟がなされ、私一人のために、浄土がこのたび建立された」というものである。

阿弥陀如来（法蔵菩薩）の五劫思惟は、はるか昔であるから、右の説はおかしいようであるが、仏様の世界は、時間と空間を超越しているので、凡夫の思いは通じない。

これは現代人には、理解しがたく正に「誓願不思議」というほかない。

ある昔話がある。江戸時代、安芸の国に慧雲（えうん）和上という高名な学僧がおられた。そこへ関東の親鸞聖人の御旧跡廻りから帰った少女（十代半ば）が来寺し、慧雲和上に御旧跡廻りの報告をした。和上は「遠くまで御苦労さんでした。尊いことであったね」と述べた。すると少女は「私は五劫思惟の御旧跡も知っています」と言った。この言葉にさすがの慧雲和上も、「五劫思惟の御旧跡？」と、すぐに頭に浮かばず、とうとう和上は、「それはどこかね？」と尋ねたのである。

すると少女は笑顔で胸をたたき、「ここです」と答えた。さすがに慧雲和上は感心したという。

五劫思惟は遠い昔話ではなく、今、私にはたらく如来の大悲であると、親鸞聖人、そして少女も気付いていたのである。正確には、「今・昔の」言葉も超越しているといえよう。『歎異抄』後序のメッセージは深い。それは第一条と同じくらいかもしれない。親鸞思想の最深部ともいえる。以下の大切な二点をおさえておきたい。

①浄土があるから、〝私〟がそこを目指すのではない。〝私〟がいるから、それを目的に浄土が建立されたのである。

②『大無量寿経』や『教行信証』に説く最大のメッセージは、〝私〟がどうしたら浄土へ往生出来るか（方法）の案内書ではない。正しくは、「〝仏が〟どうしたら、すべての凡夫・衆生を浄土に生まれさせ、さとりを開かせ、迷界を導く者に出来るだろうか」という阿弥陀如来（法蔵菩薩）の悲願の目線で説いてある、と理解した。それが親鸞聖人独自の

他力思想である。すべて如来のはからいの中にある。

善導の「二種深信」

「善導の「自身はこれ現に……」といふ金言」。この一文は、善導の「自身はこれ現に罪悪・生死の凡夫、曠劫よりこのかた、つねにしづみ、つねに流転して、出離の縁あることなき身としれ」という言葉は、中国の善導大師の「二種深信」の説が、親鸞聖人の言葉と同じことだと述べている。「二種深信」とは二種の深き信心のことである。即ち、

〈機の深信〉凡夫自身が、煩悩多く救われ難い真の姿を凝視して深く信ずる。

〈法の深信〉救われ難い凡夫だからこそ、あわれみ、必ず救うと誓われた阿弥陀如来の大慈悲を深く信ずる。

この「二種深信」は、法然聖人も親鸞聖人も大切にした阿弥陀信仰の大切な理念である。救いへの絶対条件というわけではないが、『歎異抄』の後序にはくりかえし三度も二種深信の要素をもった文章がつづいている。唯円房にとっても大切な理念であったことがわかる。

ただ念仏のみぞまこと

「よろづのこと、みなもってそらごとたはごと、まことあることなきに、ただ念仏のみぞまこと」

右の言葉はとても特徴的な有名な言葉であり、現代の親鸞聖人の関連本にもよく登場する。その意は〈現代語・意訳〉を参照されたいが、実は妙好人才市同行の口あいには、

○さいちがこころは
　そらごとたわごと
　まことあることなし
　ごかいさん（親鸞聖人）の
　よう知ってをんなさるよの
　如来さんの
　さいちを　たすけてやるとや
　なむあみだぶつ　なむあみだぶつ

この才市同行の口あいを見れば、才市同行が確実に『歎異抄』の内容を知り、学んでいた事がわかる。他にも間接的な表現で『歎異抄』の心を詩にしたものも少なくない事であろう。

大切の証文

後序の「大切の証文」については様々な説があり、謎のままとなっている。

そこには「目やすにしてこの書に添へまゐらせて候ふなり」とあるので、別の紙に大切に記してあったとも考えられる。おそらく親鸞聖人の教えの最重要ポイントが記してあったとも想像出来る。唯円房は晩年の親鸞聖人の著述、『和讃』や『教行信証』の手直し等を手伝っていることは確かである。そうした中で、聖人から特に教示された教義の要（証文）を大切に保管していたのであろう。

謎は多いが、今回の私の「大切の証文」への理解は、〈現代語・意訳〉に論述したごとくであるが、正直なところ、私にとって『歎異抄』の後序全体の内容は他力真宗の教えの〝要〟と思える。

それは後の時代の覚如上人による『親鸞伝絵』の内容の要と、後序が関連していることからもわかる。

『歎異抄』の第一条が、「ただ信心が要」という親鸞聖人自身の言葉であり、最重要の条であることは間違いない。しかし唯円房自身が、大切にあたため、最も伝えたかった他力真宗の〝要〟は、後序全体の内容ではなかろうか。第一条の内容を再確認するごとくの内容が後序には確かにある。

【口絵写真】解説

『才市ノート』との出会い

今回、『歎異抄』に関する書籍を出版するに際し、妙好人才市同行と『歎異抄』との関りを示す新発見の資料（『才市ノート』）に出会えたことは、実に尊いご縁であった。

その経緯は、島根県大田市温泉津町の西楽寺・菅原昭生氏から、同町安楽寺の梅田淳敬氏を紹介いただき、梅田氏より数々の貴重な情報を頂戴した。そしてそのご好意により、口絵に掲載した写真資料を、二〇二一（令和三）年十一月二十四日、著者自身が安楽寺で撮影させていただいた。

才市同行のためにノートを買い、『歎異抄』や『御文章』の一節を記し教示したのは、安楽寺院代の池永義亮師である。池永師についても、今回知ることができたことは、正に稀有な出会いであり、今後の妙好人研究の一助になればと願うものである。

池永義亮師と『才市ノート』

【口絵写真①】左Aの表紙の文字「御文章」や「釋宗素」（才市の法名）は、安楽寺院代の池永義亮師のものと考えられる。才市同行にノートを手渡し、詩（うた）「口あい」を記録するように勧めたのが池永師である。

【口絵写真①】右Bの才市同行の文字は、判読しがたいが、一行目は、八文字ほど書かれている。下の方はかすれて読めない。上の方には、「あ」もしくは「お」と書かれている。二行目は、「なむあみだぶつ…」とあり、三行目は、「あさまし　あさまし」とあり、四行目は、「さいちがこと」と読める。その言葉をノートの表紙に記した才市は、記した自分を反省し、自ら墨汁で黒く塗りつぶしたものと思われる。才市同行の深い自省の姿勢が窺える。

【口絵写真②】「『才市ノート』Aの一部」右頁の文字は才市同行自筆の文字で、左頁の「歎異抄　二章」とあるのが、池永師の文字である。このように池永師は、『才市ノート』に直接『御文章』や『歎異抄』の一文を、才市同行のために平仮名で書き込み、教導していたと考えられる。

【口絵写真②】の右頁の才市の口あいは、

○く（苦）をぬいてくださる　じひ（慈悲）がなむあみだぶつ
　くを（苦）ゆかずともくださる　じひ（慈悲）がなむあみだぶつ

というもので、梅田謙敬和上から龍樹の『大智度論』学んだものであり、明らかに『歎異抄』第四条を詠んだ詩である。『大智度論』については本文八十九頁を参照。

尚、池永義亮師の経歴は不明であるが、梅田謙敬師が中国開教に赴任していた頃（明治四十三〜大正二年）から安楽寺に勤めたと推定される。

寺本慧達師と才市同行

浅原才市同行は、池永義亮師や梅田謙敬和上（安楽寺住職）の指導を受けながら『才市ノート』を数多く作っている。梅田謙敬師（一八六九〜一九三八）は、『龍樹の教義』等の著書を持つ本願寺派の勧学（昭和十年）であり、大正二年に中国から帰国の後、才市を晩年まで育てた。才市は、安楽寺だけでなく近くの西楽寺の法座などにもよく参りお聴聞をし、その法の悦びを詩（口あい）にしている。『才市ノート』は『法悦ノート』でもあった。

こうした才市の詩（口あい）を広く世に知らしめた最初の人物が、寺本慧達師である。寺本師は島根県石見町中野の長円寺の住職で、東京の千代田女学園理事長、ハワイ本願寺ヒロ別院輪番等を歴任した人物である。

寺本慧達師は、梅田謙敬師の甥にあたり、学生時代から安楽寺にも行っており、『才市ノート』にも出会っていた。ただ才市の文字は読みにくく内容も深いものがあるので、池永義亮師の自作『第一法悦帳優婆塞』や『才市ノート』を借り、じっくりと読み込んだ。

その「口あい」の表現の深さ尊さに気づいた寺本師は、才市に何度も会うようになり親交を深めた。才市も若き寺本師に親切に法悦を語り、時には『才市ノート』そのものを譲ったこともあった。

才市にとって『才市ノート』は自身で楽しむ目的のものであった。他人に見せたり世に残そうとは考えてはおらず、自身の往生の際に一緒に焼いてほしいと思っていたらしい。

寺本慧達師は、「生ける妙好人浅原才市」という一文を大正八年に二回にわたって『法爾』誌上（二十二号・二十三号）に執筆し、才市の詩（口あい）を紹介している。『法爾』は、広島出身の医学博士・富士川游の主催する雑誌である。

昭和七年一月五日、寺本慧達師はハワイ開教に行くことになり、最後の挨拶に才市を訪ねた。寺本師は才市に、「もう会えないので、一冊でもいいから『才市ノート』を譲ってもらえないか……」というと、才市は、「すべて焼くつもりだ」と断った。そこで寺本師は、「私はハワイへ行き、当分帰国することはないと思う。遠方の地での心の支えとしたいので一冊だけでも……」と懇願した。すると才市は、「寺本君がそこまで言うのなら……」と、手元にあった約七十冊の『才市ノート』を寺本師に譲ったという。

右の二人の出会いからわずか十二日後の同月十七日、才市同行は八十三歳で浄土へ往生する。正に稀有な勝縁であった。この時の多くの『才市ノート』は寺本師と共にハワイに渡り、世の多くの詩（口あい）が残り、今日まで伝えられることになった。

寺本慧達師は、『浅原才市翁を語る』などを出版し、多くの研究者・思想家に影響を与えてゆく。富士川游と親しい広島市寺町の藤秀璻師は、自著『大乗相応の地』（昭和十八年）に「妙好人才市の詩」と題する一文を掲載した。それが、西谷啓治氏を通じて鈴木大拙師の目にとまり、鈴木師は、『日本的霊性』（昭和十九年）、『妙好人』（昭和二十三年）で高く評価したので、妙好人才市の名は世界に知られることとなった。

尚、寺本慧達師と才市同行との関係については、佐藤平先生作成の「浅原才市年譜」（『大谷女子大学紀要』第二十号、一九八六年一月）を、また、寺本慧達師から富士川游師、藤秀璻師、西谷啓治氏、そして鈴木大拙師に至るご縁については、直林不退相愛大学客員教授のご教示により、朝枝善照師『妙好人伝の周辺』（『朝枝善照著作集第五巻　妙好人と石見文化』に収録）を参照した。

主要参考文献・論文

＊『歎異抄』全体に関するもの
『歎異抄』（複製本）本願寺出版社
『歎異抄』（複製本）法藏館
『浄土真宗聖典（註釈版）第二版』本願寺出版社
『歎異抄』（現代語版）本願寺出版社
梯實圓『聖典セミナー歎異抄』本願寺出版社
霊山勝海『歎異抄――親鸞己れの信を語る』大東出版社
矢田了章・林智康監修『歎異抄講義集成　全五巻』法藏館
林智康『歎異抄講讃』永田文昌堂
内藤知康『歎異抄』法藏館
尾野義宗『歎異抄への道』永田文昌堂
田村実造『『歎異抄』を読む』ＮＨＫブックス
釈徹宗『歎異抄　救いのことば』文春新書

満井秀城『いまこそ読みたい歎異抄』法藏館
山崎龍明『歎異抄の人間像』大蔵出版
渡辺郁夫『歎異抄を歩む』みずのわ出版
渡辺郁夫『発掘歎異抄――親鸞を読み解く百話』みずのわ出版
五木寛之『私訳歎異抄』東京書籍
五木寛之『歎異抄の謎』祥伝社新書
三明智彰『信心の書『歎異抄』講座』大法輪閣
金子大榮校注『歎異抄』岩波文庫
金子大榮『金子大榮　歎異抄』法藏館
真宗教団連合編『歎異抄――現代を生きるこころ』朝日新聞社

＊『歎異抄』の各テーマに関するもの
福原亮厳『業論』永田文昌堂
大蔵経学術用語研究会編『仏典入門事典』永田文昌堂
川村邦光『弔いの文化史――日本人の鎮魂の形』中公新書
『浄土の本』学研プラス

『釈迦の本』学研プラス
幡谷明『大乗至極の真宗――無住処涅槃と還相回向』方丈堂出版
藤正導『わかりやすい現代人の歎異抄』永田文昌堂
鎌田宗雲『七高僧と親鸞』永田文昌堂
徳永道崇『正信念仏偈講話』永田文昌堂
山本攝叡『よき人のおおせ――法然聖人に学ぶ』本願寺出版社
朝枝善照『朝枝善照著作集第五巻　妙好人と石見文化』（法藏館）
菊藤明道『増補版妙好人伝の研究』（法藏館）
直林不退『妙好人――日暮しの中にほとばしる真実』（佼正出版社）
浅原才市翁顕彰会編『妙好人石見の才市』
浅原才市翁顕彰会編『分類・妙好人・浅原才市のうた　ご恩うれしや』
川上清吉『浅原才市』浅原才市翁顕彰会
高木雪雄『才市同行』（永田文昌堂）
佐藤平「浅原才市年譜」『大谷女子大学紀要第20号』
本願寺派山陰教区『山陰妙好人カレンダー』（令和五年版）
坂東性純『浄土三部経の真実』ＮＨＫ出版

藤井正雄他編『法然辞典』東京堂出版
深川倫雄「聖典研究会資料」（歎異抄の部）
山田行雄『真宗信心の基礎的研究』永田文昌堂
若松英輔『西田幾多郎『善の研究』』（ＮＨＫ100分de名著）ＮＨＫ出版
中村元『中村元　仏教の教え　人生の知恵』（河出書房新社）
上山大峻『金子みすゞがうたう心のふるさと』自照社出版
『21世紀のまなざし　金子みすゞ・みんなちがって、みんないい　矢崎節夫講演会ＤＶＤ』方丈堂出版
中川真昭『金子みすゞ　いのち見つめる旅』（本願寺出版社）
司馬遼太郎『手掘り日本史』（文春文庫）
高史明『高史明親鸞論集③　歎異抄との出会い』（法藏館）
藤田ジャクリーン『旅のひと　パリ――京都』（法藏館）
前川五郎松『一息が仏力さま』（近代書房）
遠藤撮雄『妙好人清九郎物語』法藏館
今枝由郎『ブッダが説いた幸せな生き方』岩波新書
藤田徹文『いのちのよび声　歎異抄講話ⅠⅡⅢ』法藏館

惠谷隆戒『法然上人の伝記と思想』隆文館
法然上人伝研究会編『法然上人伝の成立史的研究　全三巻』小林書房
中村辨康『法然聖語読本』第一書房
山折哲雄『日本宗教史年表』河出書房新社
日本歴史大辞典編集委員会編『日本史年表』河出書房新社
浄土真宗本願寺派総合研究所『浄土真宗辞典』本願寺出版社
石上善應『浄土宗小事典』法藏館
浅野執持『本願寺新報』連載「みんなの法話」（二〇二一年九月二〇日号）

＊本文再校ゲラの校正終了後に、白須淨眞編『古代インドのアングリマーラ伝承――歎異抄十三条・漢訳経典・仏伝図像から読み解く』（法藏館）を入手した。白須先生は、広島大学敦煌学プロジェクト研究センター顧問であり、島根県邑南町の浄土真宗本願寺派安楽寺住職である。本書一九三頁で触れたように、『歎異抄』十三条の親鸞聖人の言葉は、「アングリマーラ」の仏伝物語を元にしている。白須先生の本では、漢訳経典や仏伝図像、さらに九条武子や柳原白蓮に至るまで、多角的に「アングリマーラ」の物語を解明している。『歎異抄』研究の新たな地平を拓く一冊であろう。

あとがき

このたびの本書のタイトル『歎異抄文意』を平たく言えば、「『歎異抄』の内容を解説したもの」である。特に深い意味はない。

タイトル通りの内容になっていない自覚もあるが、今回は私なりの視点で『歎異抄』各条に光をあててみた。自法愛染の点はお許しいただきたい。

『歎異抄』を手に取る人には、趣味や教養のためという人や、仏教の入門書とする人もあろう。また命の諸問題を抱える中で、命をかけて人生最後の書として読む人もあろう。多くの思想家・小説家が認めるごとく、そうした様々な読者の立場に対応する書物であり、それだけに奥も深い。

従って『歎異抄』の解説書の類を世に出すことは、何か重い物を背負いながらの作業と自覚はしている。

もちろん、多くの関係出版物に支えられながらの作業ではあったが、今回、改めて、時間をかけて『歎異抄』の全体を眺めてみることが出来た。その中で特に印象深いことは、作者の唯円房がいかに親鸞聖人を尊敬していたか、さらに、親鸞聖人がいかに法然聖人を尊敬していたかという点である。

内容面でいえば、唯円房が歎き、悲しんだ異義・曲解である。それは勝手に念仏グループを作り自分勝手な教義を説く者がいたり、親鸞教義を誤解したまま、人と論争したりする者が多く存在したという史実の数々である。

もちろん現代においても、こうした人物が少なからず存在するように感じるのは、私だけであろうか。

蓮如上人は『歎異抄』を書写し、最後に「無宿善の者には見せないよう」に記している。今回「無宿善」を私は、「他力真宗教義を深く信受する縁にめぐまれていない」と訳してみた。『歎異抄』はむやみに人に見せると、トラブルの元になる、という蓮如上人の英断である。実際に現代でも「親鸞は悪事を勧めている」と曲解する人もいる。そういう人物は『歎異抄』全体をゆっくり読まず、世に出る『歎異抄』特集のコメントを見て、発言していることが多い。

さて無宿善の者とは、ほとんどの人々が自分のことではない、と感じていることであろう。しかし私は、多かれ少なかれみなみな無宿善の者に近いように思う。それは他力回向の真実信心を正しく受けとめていないことが、私も含めてありうるということである。

その昔、よく耳にした法語がある。即ち、「信心の話をする布教使は多いが、信心で話をする布教使は少ないものだ」という法語である。私は若い頃、この法語が気に入っていた。しかし、『歎異抄』などを深く読み、親鸞聖人の他力信心について学ぶと、この法語はすこし違うのではないかと思うようになった。

　つまりこの法語は、「信心の話はしているが、その布教使自身の信心は確かなのか？」という指摘である。明らかに、信心において、人を指差し、裁いている。唯円房が「後序」に記しているように、「おまえのような者の信心は浅いだろう」という論と同じである。

　私は何十年も、そこに気付かなかった。気付いたのは、『歎異抄』や多くの師のおかげである。お育てをいただいたということであろう。

なぜ人は信心において、人を指差し、責め、裁くのであろうか。他の多くの宗教ならばそれもありうるが、他力回向の真実信心は、仏心そのものであるから、信心に上下・深浅はない。

　行も信も、如来回向であり、凡夫に届くものである。めぐまれるとも表現する。行とは念仏、信とは信心のことである。「行信とセットで表現すれば、名号（みょうごう）のことである。

親鸞聖人は、「たまたま行信が届いたならば、遠く宿縁をよろこべ」（『教行信証』総序意訳）と教示してくださっている。宿縁とは時空を超えた、凡夫の思議不可なる仏縁という意であろう。

今回の私の作業によって、『歎異抄』に込めた唯円房の〝真実信心〟へのメッセージを、曲げてしまったかもしれない、と案ずる。それだけ親鸞聖人の信心理解は深く、弥陀の本願は深い。

真実信心は凡夫が理解すべきものではないのかもしれない。私の尊敬する妙好人の讃岐の庄松（しょうま）同行は、こう言っている。

（ある日のこと）寺参りのため、数人の同行と庄松同行は、道を歩いていた。すると庄松同行は「忘れ物をした」と言った。他の同行が心配し「何を忘れたのか？」と尋ねると、庄松同行は「信心を忘れた。家に忘れてしまった」と言いつつも、そのまま寺に向かったという。

この話は他力信心をよく伝えている。行も信も凡夫に、いつの日も、たまたま届いているのである。持ち歩いたり、自慢したりするものではない。親鸞聖人は「信心まことに、届いた人は、仏恩報（ぶっとんほう）ずる思いあり」と和讃に述べている。大切なことは、信心（仏心）が届き、めぐまれているゆえ、色々な形で、報謝の姿や言葉になるはずだ、と親鸞聖人は教示している。

庄松同行にとって、寺参りやお念仏申す姿が、仏恩報謝（ぶっとんほうしゃ）そのものである。庄松同行にとって、信心を忘れようが、落とそうが、まったく気にしなくてよいのである。

実は、信心をいただく方法は、『大無量寿経』にも『教行信証』にも明確に記していない。ゆえに親鸞聖人は『教行信証』（総序）に「行も信も、たまたま届く」と表現したのであろう。ゆえに、いつ・どこで・信心をいただいたのかは、重要ではない。凡夫が今、称えている念仏は、阿弥陀如来の〝よび声〟であることに、気付けばいいのである。

凡夫が完成された人間を目指すのではなく、完成されたさとりの名声（こえ）に身をゆだねるのが他力真宗の宗義である。それが唯円房のメッセージである。

*

私は龍谷大学を卒業後、今日まで多くの師匠と先輩・法友に恵まれ、有難いお育てを数多くいただいた。ここに記して甚深の謝意を表したい。

福原亮厳龍谷大学名誉教授（仏教学）の主催する大原野仏教専修大学林では、真宗学と真宗史を学び、福原先生のご縁で、真宗連合学会で発表する機会をいただいた。また、地元広島で真宗学の研修会に参加することができ、深川倫雄和上の「三次聖典研究会」代表・蔀（ひとみ）晃尊氏（圓正寺）に、山田行雄和上の勉強会「聞思会」代表・福間高顕氏（高林坊）にお世話になった。安芸教区の朝枝暁範氏（本立寺）には貴重な示唆をいただき、佐伯東組の故龍口了潤氏（正順寺）には長年ご指導を賜った。ただただ先達の学恩に感謝するばかりである。

また、妙好人・才市同行と『歎異抄』の関連調査に関して、才市の地元、島根県温泉津の菅原昭生氏（西楽寺）と梅田淳敬氏（安楽寺）から資料提供と助言をいただき、金子みすゞと『歎異抄』について、山口県長門市仙崎の「金子みすゞ記念館」様の証言をいただいた。ここに記して御礼申し上げる。

最後に、この度の出版に当たり、編集の労をとっていただいた亀井顕雄氏、私の拙い論考を快く出版物にしてくださった方丈堂出版の光本稔社長と上別府茂編集長に心より感謝したい。有難うございました。

二〇二三（令和五）年五月

今田　法雄

今田法雄（いまだ・ほうゆう）

1961（昭和36）年、広島市西区草津の浄土真宗本願寺派浄教寺に生まれる。本願寺派の宗門校、崇徳中学・高校を卒業。1985（昭和60）年、龍谷大学文学部（真宗学専攻）を卒業。自坊で法務に従事しつつ、福原亮厳龍谷大学名誉教授（仏教学）の主催する大原野仏教専修大学林で、真宗学・真宗史を学ぶ。真宗連合学会に所属し、歴史的視点から真宗教学を解明する研究論文を発表し著書を刊行する。

現在、浄土真宗本願寺派（安芸教区佐伯東組）浄教寺住職。

安芸教区教学伝道部会に所属。

著書『石山戦争裏面史の研究』（1989年、永田文昌堂）、『蓮如上人』（1996年、永田文昌堂）、『親鸞聖人伝』（2006年、永田文昌堂）。

論文「真宗教義の根本は信心」（福原亮厳編『真実の宗教』［1986年、永田文昌堂］所収）、「蓮師における山科造営とその背景」（1992年、真宗連合学会『真宗研究』第36号）、「承元の法難の背景」（2007年、真宗連合学会『真宗研究』第51号）。

歎異抄文意（たんにしょうもんい）

二〇二三年八月二十五日　初版第一刷発行

著　者　今田法雄
発行者　光本　稔
発　行　株式会社　方丈堂出版
京都市伏見区日野不動講町三八―二五
郵便番号　六〇一―一四二二
電話　〇七五―五七二―七五〇八
発　売　株式会社　オクターブ
京都市左京区一乗寺松原町三一―二
郵便番号　六〇六―八一五六
電話　〇七五―七〇八―七一六八

印刷・製本　立生株式会社

Printed in Japan

ISBN978-4-89231-230-4